Rasso Knoller und Susanne Kilimann

Hiddensee

Mit Stralsund

via Tipp Lieblingsorte unserer Autoren

★ Highlights

Grüne Tipps

Familientipps

Preissymbole (Erläuterungen ▸ Seite 19 & 36)

	Hotels (DZ) & FeWos	Restaurants
€	bis 70 Euro	bis 12 Euro
€€	bis 100 Euro	bis 25 Euro
€€€	über 100 Euro	über 25 Euro

Land & Leute

Reisepraktisches

Orte & Landschaften

Entdeckertouren

Willkommen auf Hiddensee

Hiddensee hat es leicht mit seinen Gästen. Wer hierher kommt, erwartet nichts. Während man andernorts den Konkurrenzkampf um immer neue und spektakulärere Attraktionen mitmachen muss, kann man sich in Hiddensee entspannt zurücklehnen. Je weniger man ihnen bietet, desto glücklicher sind die Besucher der Insel.

Sehnsuchtsziel Hiddensee

Wer hierher kommt, der will einfach weit weg vom Alltagsstress, will entspannen. Die kleinen Freuden sind es, die Hiddensee zur Trauminsel machen. Spazierengehen im Meereswind, mit dem Fahrrad durch die Heide strampeln, das Pferd vor dem Kutschwagen streicheln, Fischessen am Hafen und dazu ein kühles Bier. Dabei den Blick auf die Schiffe gerichtet, die so beruhigend im Abendlicht schaukeln. Die ganz Abenteuerlustigen, die danach immer noch nicht genug haben, gehen abends noch ins Inselkino. Wenn irgendwo die abgedroschene Floskel von der Seele, die man baumeln lässt, einen Sinn hat, dann hier auf Hiddensee.

Stille ohne Motoren

Ruhe – die bekommt man auf Hiddensee im Überfluss. Vor allem nach 16 Uhr, wenn die letzte Fähre nach Stralsund abgelegt hat. Dann sind die Tagesgäste verschwunden und die Einheimischen und Langzeiturlauber haben die Insel für sich.

Hiddensee war und ist eine Künstlerinsel – davon finden sich immer wieder Spuren

Hiddensee ist autofrei. Auf der knapp 17 Kilometer langen und zum Teil nur wenige hundert Meter breiten Insel ist man zu Fuß, mit dem Fahrrad oder dem Pferdegespann unterwegs. Gepäck wird mit dem Handwagen befördert.

Hiddensee erkunden

Auf der flachen Insel ist das Rad das perfekte Fortbewegungsmittel. Nur wenn man zum 1888 errichteten Leuchtturm am Dornbusch hinaufradelt, der auf dem höchsten Punkt der Insel steht, kommt man ordentlich ins Schwitzen. Doch die Mühen der „Bergfahrt" lohnen allemal. An einem klaren Tag hat man nicht nur freien Blick über die Insel, man sieht auch hinüber bis nach Stralsund und sogar zur dänischen Insel Møn.

Vielen Besuchern wird es ebenso gehen, wie einst dem Schriftsteller Gerhart Hauptmann, der sich schon bei seinem ersten Urlaub in Hiddensee verliebte und von da an immer wieder zurückkam. In Kloster hat er sich schließlich ein Haus gekauft. Das ist heute ein Museum und die am meisten besuchte Sehenswürdigkeit der Insel.

Hauptmann war bei Weitem nicht der einzige Künstler, der auf die Insel kam. Offenbar hat das kleine Eiland etwas Inspirierendes an sich, denn auch Ernst Barlach, Carl Zuckmayer, Käthe Kollwitz, Gustav Gründgens, Billy Wilder und viele andere waren für längere Zeit zu Gast auf Hiddensee.

Ob Berühmtheit oder Ottonormalurlauber – die Hiddenseer behandeln ihre Besucher alle gleich, von großen Namen lassen sie sich nicht beeindrucken. Kein Anbiedern, kein Wort zu viel. Geltungsbedürfnis und Effekthascherei haben keine Chance. Hier setzt man auf das, was sich noch immer bewährt hat und macht sich mit dem Neuen nur ganz langsam vertraut.

Die Sehnsuchtsinsel bietet idyllische Einsamkeit und Ruhe

Im Hafen von Kloster liegen alte und neue, kleine und große Ausflugs-, Fischer- und Segelboote ▸ Seite 66

Land & Leute

Hiddensee heute

Auf Hiddensee gelingt, was in vielen anderen Regionen scheitert. Ständig steigende Besucherzahlen führen hier nicht dazu, dass die Ursprünglichkeit verloren geht. Hiddensee bewahrt auch in Zeiten des modernen Tourismus seinen Charakter. Das ist der Verdienst der Einheimischen, die mit ihrem stoischen Gleichmut den Versuchungen der Moderne trotzen.

Sabine Reichwein kommt mehrmals im Jahr nach Hiddensee. In Vitte gehört ihrer Familie schon seit fast drei Generationen ein kleines Häuschen. Trotzdem sind die Reichweins für die angestammten Inselbewohner immer noch Fremde. In einer Sendung des NDR sagt sie: „Wer nicht auf Hiddensee geboren ist, der wird nie so ganz dazu gehören." Mit offenen Armen wird hier niemand aufgenommen.

Die Hiddenseer sind nicht unbedingt Kommunikationstalente. Mundfaul könnte man sie auch nennen. Auf manchen Besucher aus südlicheren Gefilden Deutschlands wirken sie spröde, manchmal unfreundlich. Dabei ist zumindest letzteres nicht intendiert. Die Inselbewohner sind einfach den Umgang mit Fremden nicht gewöhnt. Das gilt paradoxerweise auch heute noch, in Zeiten, in denen Zehntausende Jahr für Jahr auf die Insel strömen. Noch immer bleiben die Einheimischen in

Alltag auf der Sehnsuchtsinsel

den Kneipen am liebsten unter sich, zu Verbrüderungen mit Fremden kommt es nicht. Nie würde ein Hiddenseer Wirt auf die Idee kommen, im Stile eines Pizzeriabesitzers einen langjährigen Stammgast als „Freund" zu begrüßen. Ein Kopfnicken und ein kurzer Gruß – das muss genügen.

Eigentlich sind die Vorpommern und die Hiddenseer im Besonderen für eine moderne Servicegesellschaft, in der „der Kunde König ist", nicht geeignet – und für den Tourismus schon gar nicht. Da scheint es auf den ersten Blick ein Widerspruch, dass Hiddensee als Ferienziel so beliebt ist. Klar, da sind die unglaubliche Landschaft, die weiten Strände und der sprichwörtliche Hiddenseer Himmel, der ein ganz eigenes Blau zu produzieren versteht. Aber das allein ist es nicht. Die Sprödheit ihre Bewohner hat die Insel trotz einer langen Tourismustradition geschützt und mitgeholfen, sie sozusagen im „Originalzustand" zu bewahren.

Mit dem neudeutschen Wort „authentisch" können wahrscheinlich die wenigsten Inselbewohner etwas anfangen, doch genau das sind sie. Jeder gibt sich so wie er ist. Nur wegen der Touristen freundlich zu sein, das fiele den Hiddenseern nie ein. Auch wenn die meisten Insulaner ihr Geld inzwischen mit den Fremden verdienen, im Grunde ihres Herzens sind sie Fischer geblieben. Zwar fahren allenfalls noch zwei Dutzend Berufsfischer regelmäßig hinaus aufs Wasser – deren Mentalität, die besser mit dem Meer als mit den Menschen zurechtkommt, haben sie aber beibehalten. Gerade das Festhalten am Alten, der Konservatismus im besten Sinne, hat

Steckbrief: Hiddensee

Einwohner: 988
Bevölkerungsdichte: 52 Ew./km^2
Gästebetten: 1126
Gästeübernachtungen: 131 004 (2015)
Zahl der Arbeitslosen: 57 (17,54 % der arbeitsfähigen Bevölkerung)
Fläche: 19,03 km^2
Länge: circa 16,8 km
Breite: zwischen 250 m und 3,7 km
Gesamtlänge des Sandstrands: 13 km
Höchster Punkt: Bakenberg 72 m
Orte: Auf der Insel gibt es nur vier Orte (von Süd nach Nord): Neuendorf, Vitte, Kloster und Grieben. Verwaltungstechnisch gehören alle vier Orte zur Gemeinde Hiddensee.
Sonnenscheindauer: im Durchschnitt 1 850 Stunden pro Jahr, in vielen Jahren erweist sich Hiddensee als der sonnenreichste Punkt Deutschlands, so u. a. 2008 mit der Rekordzahl von 2 168 Sonnenstunden.

mitgeholfen, die Insel als Juwel zu erhalten. So haben die Inselbewohner der Versuchung widerstanden, den Gewinn durch den Tourismus zu maximieren und die Insel mit Hotels und Ferienanlagen zuzupflastern. Auch hier verfährt man nach der Devise, Fremde sind willkommen, sich oder die Insel ihretwegen zu verändern, das aber kommt nicht in Frage. Das galt schon zu Hauptmanns Zeiten und gilt auch heute noch. Entsprechend wohnen die meisten Gäste bei Privatleuten, die ein Zimmer, ein ganzes Stockwerk oder vielleicht einen umgebauten Anbau vermieten. Anders als in andern Badeorten am Meer sucht man in Neuendorf und Vitte, Kloster und Grieben vergebens nach Großdiskos und Fressmeilen. Diese Unverfälschtheit und Unaufgeregtheit macht Hiddensee zu etwas Besonderem – zu einem der wenigen Touristenziele unserer Zeit, das völlig ohne Superlativ auskommt. „Höher, schneller, weiter" spielt hier keine Rolle.

Genau das ist es, was die Inselgäste suchen. Das zeigt sich in den beachtlichen Zuwachsraten die Jahr für Jahr vermeldet werden können. Auch als Harry Glawe, der Wirtschaftsminister Mecklenburg-Vorpommerns, zum Jahresanfang 2016 die Gästezahlen für das Land bekannt gab, stand Hiddensee mit einer Zuwachsrate von fast zehn Prozent wieder ganz oben und wurde deswegen zusammen mit Rügen und Usedom vom Minister als „Zugpferd" für die Region gefeiert. Obwohl inzwischen im Sommer fast acht Mal so viele Touristen wie Einwohner auf der Insel sind, findet jeder sein Plätzchen. Überfüllung musste an den Hiddenseer Stränden noch nie gemeldet werden.

Politik auf Inselart

Hiddensee ist anders, das zeigt sich auch in der Inselpolitik. Von „draußen" lässt man sich hier nicht reinreden. Deswegen sind auch nicht CDU und SPD die wichtigsten Parteien, sondern *Die Hiddenseepartei* und die *Bürger für Hiddensee*.

Und das kam so: 2009 focht die oppositionelle Insel-CDU das Ergebnis der Bürgermeisterwahl an, weil der damalige Amtsinhaber von der Partei *Bürger für Hiddensee* den Wählern die Fahrtkosten ins Wahllokal bezahlt hatte. „Wählerbeeinflussung", schimpfte man bei der CDU und da das Gericht in Greifswald das ebenso sah, musste die Wahl wiederholt werden. Thomas Gens, der Mann von der CDU, machte dieses Mal das Rennen. Als Gens kurz darauf auch für den Landdtag in Schwerin kandidierte, wurde landesweit bekannt, dass er sich in der Vergangenheit für die rechtsextreme DVU engagiert hatte. Das war der Landes-CDU peinlich und sie forderten ihren Kandidaten zum Rückzug auf. Die Hiddenseer aber hielten zu Gens. Der ging seinen Amtsgeschäften auf der Insel nach dem Eklat zunächst als parteiloser Bürgermeister nach. Dann schmiedeten er und seine Mitstreiter einen Plan: Sie lösten den CDU-Ortsverband Hiddensee auf und gründeten die *Hiddenseepartei* – so schottete sich die Politikerriege von Hiddensee gegen die Einflussnahme von außen ab, richtete es sich sturmfest in der eigenen kleinen Welt ein, aus der sich Politiker und andere Leute vom Festland gefälligst rauszuhalten haben. Bei der letzten Wahl zur Gemeindeversammlung im Mai 2014 holte die *Hiddenseepartei* 63 % der Stimmen, die Partei *Bürger für Hiddensee* 34 % … und die CDU 3 %.

Vor Hiddensee weht oft eine frische Brise: Ideale Bedingungen zum Windsurfen

Landschaft & Umwelt

Hiddensee erstreckt sich lang und schmal zwischen Bodden und Ostsee. Nicht nur die Inselform, auch Landschaft, Tier- und Pflanzenwelt sind durch Wind und Wellen geprägt: von der Steilküste mit leicht bewaldeten Hügeln im Norden bis zum Gellen im Süden. Um die einmalige Landschaft Hiddensees zu erhalten, stehen große Teile der Insel unter Naturschutz.

Nationalpark Vorpommersche Boddenlandschaft

Es war eine der letzten großen Amtshandlungen des DDR-Ministerrates: Im September 1990, kurz vor der Wiedervereinigung der beiden deutschen Staaten, wurden sechs Biosphärenreservate, drei Naturparks und fünf Nationalparks ausgewiesen und endgültig unter Schutz gestellt. Eines der zum Nationalpark erklärten Territorien umfasst Teile der Ostsee- und Boddengewässer sowie Landflächen im Bereich der Halbinsel Darß-Zingst und einen großen Teil der Insel Hiddensee.

Insgesamt erstreckt sich der **Nationalpark Vorpommersche Boddenlandschaft** über 786 Quadratkilometer und ist damit der drittgrößte Nationalpark Deutschlands. Schon aus geologischer Sicht ist das geschützte Gebiet mit seinen Wald-, Flachwasser- und Brackwasserökosystemen, mit Sandhaken, Dünen und Neh-

Hiddensee liegt im Nationalpark Vorpommersche Boddenlandschaft

rungen sehr interessant: Es umfasst Landschaftsformen, die aus erdgeschichtlicher Sicht sehr jung sind, die sich erst während und nach der letzten Eiszeit herausgebildet haben. Bis heute ist die Region von einer hohen Dynamik gekennzeichnet.

So reißt das Meer an der Westseite Hiddensees Land mit sich, während auf der Ostseite – mit dem Neuen Bessin – durch Sandablagerung neues Land entsteht.

Den Nationalpark hat man in zwei **Schutzzonen** eingeteilt. Während sich Besucher in der Schutzzone 2 frei bewegen können, müssen sie in der besonders naturnahen Kernzone auf ausgewiesenen Wegen bleiben – oder dürfen diese gar nicht betreten, zum Beispiel wenn sich selten gewordene Küstenvögel dieses Stückchen Land, wie beispielsweise den südliche Gellen, Hiddensees Südspitze, als Brutplatz ausgesucht haben. Hunde sind im Nationalpark immer an der Leine zu führen und rauchen und Feuer machen sind wegen der stetigen Brandgefahr generell verboten.

Pflanzenwelt

Wald, Wiese, Dünen, Strand und Moor – Hiddensee hat ganz unterschiedliche Vegetationszonen, die Pflanzenvielfalt ist entsprechend groß. Rund 650 verschiedene **Blütenpflanzen** machen Botaniker auf der kleinen Ostseeinsel aus, dazu kommen etwa 80 **Moose** und ebenso viele **Flechten**.

So, wie sich die Inselflora heute präsentiert, so sah sie nicht immer aus. Im Mittelalter war der größte Teil der Fläche mit dichten **Wäldern** bedeckt. Im Norden, wo sich das *Dorn-*

Die Zitronen des Nordens: Sanddorn

busch genannte Hochland erhebt, dominierte die Eiche, im Süden der Insel herrschte die Erle vor.

Im 17. Jahrhundert wurde im großen Stil abgeholzt (▶ Dornbusch Seite 82), im 19. Jahrhundert aufgeforstet. Heute breitet sich zwischen dem Ort Kloster und dem *Klausner*, der Ausflugsgaststätte in der Nähe des Leuchtturms, ein **Mischwald** mit allerlei Baum- und Straucharten aus: Wer genauer schaut, kann neben der Kiefer, Rot- und Hainbuche auch Stieleiche, Vogelkirsche, Schwedische Mehlbeere und Ahorn ausmachen. Letzteren gleich in drei Varianten: Spitz-, Berg- und Feldahorn fühlen sich offensichtlich auf dem *Dornbusch* wohl.

In der **Krautschicht** des Waldes, die vor allem an seinen lichteren Stellen nahe der Steilküste gedeiht, herrscht ebenfalls grüne Vielfalt. Hier sprießen unter anderem das Kleine Habichtkraut, Rauer Löwenzahn und Mauerlattich. Auch auf die Echte Goldrute stößt man gelegentlich.

Dem Hochlandwald schließt sich, zu Füßen des Leuchtturms, das Dornbuschhügelland mit seiner **Trockenrasenvegetation** an. Dieses Gebiet lässt Botaniker-Herzen höher schlagen. Am Wegesrand gedeihen Malven, aus der Wiese lugen Klatschmohn und Klee, wilde Stiefmütterchen, Flockenblumen und Sand-Strohblumen hervor. Ein würziges Aroma liegt in der Luft, woran auch der wilde Thymian Anteil hat. Auf den Kuppen wachsen Weiß- und Sanddornsträucher.

Je näher man dem Enddorn kommt, desto häufiger trifft man **Sanddorngewächse** an. Die sind schon aus touristischen Gründen von der Insel gar nicht wegzudenken. Mit seinen spitzen Blättern und den orangefarbenen Beeren sieht Sanddorn nicht nur schön aus. Die Beeren gelten als „Zitronen des Nordens", sollen wegen ihres hohen Vitamingehalts sehr gesund sein und werden auf Hiddensee in verschiedenster Form – als Saft, Gelee, Torte oder Eis – zum Mitnehmen oder zum sofortigen Verzehr angeboten.

Charakteristisch für Hiddensee ist die **Dünenheide**, die sich zwischen Neuendorf und Vitte erstreckt. Hier bilden diverse Zwergsträucher die botanische Nachbarschaft, zum Beispiel die immergrüne Krähenbeere mit ihren nadelförmigen Laubblättern und die Kriech-Weide, die im Frühjahr lange vor den Blättern kätzchenförmige Blütenstände austreibt. Besonders eindrucksvoll präsentiert sich die Dünenheide von Spätsommer bis Herbst, wenn das Heidekraut blüht und diesen Teil der Insel mit einem violett leuchtenden Teppich überzieht.

Tierwelt

Hiddensee ist klein und nur auf geringer Fläche von Wald bedeckt. Es kann also nicht verwundern, dass hier kaum einmal ein **Reh** gesichtet wird. Um 1900 wurde jagdbares Wild auf der Insel ausgesetzt – und einige der scheuen Tiere soll es hier auch noch geben. Auch **Füchse** und **Hasen** sind auf Hiddensee nie so recht heimisch geworden. Anders sieht es mit **Wildkaninchen** aus. Erste Vertreter der Art hat man den 1920er Jahren auf der Insel ausgesetzt, um den Bestand des jagdbaren Wildes zu vergrößern. Wie praktisch überall haben sich die Kaninchen auch hier schnell vermehrt, in jüngerer Zeit aber hat die Kaninchenpest die Population stark ausgedünnt.

Die eigentlichen Protagonisten der Insel-Tierwelt aber sind die **Vögel**. Hiddensee gilt als Vogelparadies, das Gezwitscher und Geschnatter der **Seevögel** ist allgegenwärtig und häufig das einzige Geräusch, das einem auf Hiddensee an die Ohren dringt. Für Ornithologen ist die Insel ein spannendes Forschungsgebiet, kreuzen sich hier doch verschiedene Zugvogelrouten. Sowohl die Tiere, die von Norden nach Süden

Nicht unbedingt Wildtiere, aber zahlreich anzutreffen: Pferde

Im Frühjahr und Herbst machen Kraniche und andere Zugvögel Rast auf Hiddensee

fliegen, als auch solche, die auf der Ost-West-Route unterwegs sind, machen Hiddensee zu ihrem Rastplatz. Im Frühjahr und im Herbst lassen sich Abertausende von **Kranichen**, **Wasser- und Watvögeln** an Hiddensees Küsten nieder. Vor allem im Herbst verweilen sie wochenlang (September bis November), um im flachen Boddengewässer auf Nahrungssuche zu gehen und Kräfte für den Weiterflug zu sammeln.

Für viele Vogelarten ist Hiddensee **Brutgebiet**. Im Dornbuschwald trifft man Buchfink, Singdrossel, Ringeltaube, Waldlaubsänger und Buntspecht an. An der Steilküste nisten Uferschwalben, Vertreter der kleinsten Schwalbenart, die es in Europa gibt. An den Kliffhängen nahe des *Klausners* brüten auch Kolkraben ihre Jungen aus. In den Büschen und Sträuchern des Hochlands fühlen sich Dorn- und Klappergrasmücke, Neuntöter, Feldlerche, Goldammer und Gelbspötter wohl. Selten zu Gesicht bekommt man den Sprosser, einen nahen Verwandten der Nachtigall, der sich am liebsten im dichten Gebüsch aufhält. Im Mai und Juni erfüllt sein Gesang die Hiddenseer Nächte.

Bedrohte Vogelarten wie der Sandregenpfeifer, die Flussseeschwalbe, der Austernfischer und die stark vom Aussterben bedrohte Zwergseeschwalbe haben auf dem Neuen Bessin ein wertvolles Brut- und Rückzuggebiet gefunden. Brandgänse und Säbelschnäbler brüten dort ebenfalls.

In den Gewässern rund um Hiddensee tummeln sich – wegen des geringen Salzgehalts des Wassers – **Meeres- und Süßwasserfische** gleichermaßen: Hechte, Heringe, Flussaale, Flussbarsche, Zander, Dorsche, Schollen und andere. Die meisten Urlauber machen mit den Fischen aber nur in den Restaurants Bekanntschaft.

Der Hiddenseer Goldschmuck

Im November 1872 wurde die Ostseeküste von einer verheerenden Sturmflut heimgesucht. Viele Häuser wurden vernichtet, Vieh ertrank und ganze Landstriche verschwanden auf Nimmerwiedersehen im Meer. Ein Kleinod aber tauchte an diesem Tag aus dem Meer auf. Nach Abklingen der Flut fand man in der Nähe von Neuendorf einige Schmuckstücke aus reinem Gold. In den folgenden beiden Jahren wurden noch weitere Pretiosen, die zur selben „Kollektion" gehörten, angeschwemmt.

Heute ist der **Hiddenseer Goldschmuck** weit über die regionalen Grenzen hinaus bekannt. Er besteht aus 16 Schmuckstücken – einem Halsring, zehn kreuzförmigen Anhängern, einer Scheibenfibel und vier Zwischengliedern – aus insgesamt fast 600 Gramm nahezu reinem Gold. Doch nicht nur der Materialwert macht die Kollektion aus dem 10. Jahrhundert so wertvoll, sondern auch und vor allem die Handwerkskunst, mit der die Schmuckstücke verarbeitet wurden.

Die Spekulationen über die Herkunft des Wikingerschmucks sind mindestens ebenso spannend wie seine Fundgeschichte. Wie er nach Hiddensee gelangte, darum ranken sich viele Legenden. Eine erzählt von König Harald Blauzahn, der den Schmuck auf der Flucht vor seinem Widersacher, seinem eigenen Sohn, hier versteckte. Eine andere geht davon aus, dass ihn die Hiddenseer Mönche vergraben haben. Am romantischsten aber ist die Geschichte, in der es heißt, ein Seemann habe den Schmuck für seine Braut aus Indien mitgebracht.

Kultur & Lebensart

Auf Hiddensee ticken die Uhren anders. Wenn man morgens vom Hufgeklapper der Kutschpferde geweckt wird, fühlt man sich in längst vergangene Zeiten versetzt.

An Bewährtem festzuhalten, Neuerungen skeptisch gegenüberzustehen, und, nach reichlicher Überlegung, mit einiger Wahrscheinlichkeit doch zu verwerfen – diese Eigenart scheint den Insulanern in den Genen zu stecken. Und so manches Mal hat sie sich als vorteilhaft erwiesen. Andernorts hätte man wohl schon doppelt so viele Touristen pro Saison auf die Insel gelockt und immer mehr Bettenhäuser gebaut. Auf Hiddensee stand so ein radikaler Wandel nie wirklich zur Debatte – dadurch hat sich die Insel viel von ihrem ursprünglichen Charme bewahrt.

Dass die Insulaner lange an Althergebrachtem festhalten, zeigt sich auch an den **Hausmarken**, die man an manchen Inselhäusern, vor allem in Neuendorf, auch heute noch sieht. Diese Symbole weisen das Haus als Eigentum einer bestimmten Familie aus. Auch Boote, Netze und sogar Kirchbänke wurden noch bis weit ins 19. Jahrhundert hinein mit Hausmarken versehen. Der Vorteil der Symbole liegt auf der Hand: Niemand muss schriftkundig sein, um so ein Zeichen zu „lesen". Noch bis 1976 hatten die Hausmarken auf Hiddensee juristischen Charakter.

Beschaulich geht es zu auf Hiddensee – auch im Hafen von Vitte

Essen & Trinken

Fisch in allerlei Variationen steht – wie könnte es auf einer kleinen Insel auch anders sein – im Zentrum des kulinarischen Geschehens. Langweilig wird es schon angesichts der Fischvielfalt nicht. Hechte aus dem Bodden, Heringe und Dorsch aus der See landen besonders oft in den Töpfen und Pfannen der Hiddenseer.

Hiddensees Köche bringen die fangfrische Ware knusprig gebraten oder sauer eingelegt auf den Teller. **Bratkartoffeln** passen hervorragend zu beiden Varianten, ebenso wie ein kühles **Stralsunder Pils**.

Durch die Fischvielfalt kann man sich, mit Blick auf Boote und Bodden, an den Häfen von Neuendorf, Kloster oder Vitte in Form verschiedenster **Fischbrötchen** schlemmen oder man kehrt in eines der rustikalen Insellokale ein. Auf **Fleischesser** und **Vegetarier** hat man sich dort natürlich auch eingestellt.

Richtig gesund ist eine regionale Spezialität, die im Herbst geerntet wird: **Sanddorn**. Heißer Sanddornsaft ist ein „Wundermittel" an kalten Tagen und als Dessert begeistern die „Zitronen des Nordens" auch Süßmäulchen.

Preissymbole

Unser Preissystem für empfehlenswerte Restaurants (für ein Hauptgericht und ein Soft-Getränk):
€ = preiswert (bis 12 Euro)
€€ = mittel (bis 25 Euro)
€€€ = exklusiv (über 25 Euro)

Künstler auf Hiddensee

Die kleine Insel in der Ostsee beeindruckte schon im 19. Jahrhundert die Sommergäste, die größtenteils aus dem explosionsartig wachsenden Berlin kamen, mit Naturschönheit und Ruhe. Reizvoll erschien vielen aber auch die Tatsache, dass die moderne Zivilisation hier noch nicht angekommen war.

Die Industrialisierung in Europa brachte im 19. Jahrhundert mancherlei Fortschritt, veränderte aber das Erscheinungsbild vieler Orte und den Lebensrhythmus der Menschen. Vor allem Künstler beschäftigte dieser Wandel.

Die Romantiker träumten sich in ihren Werken an unverdorbene, aus der Zeit gefallene Orte zurück. Von dieser Sehnsucht nach einem ursprünglichen Leben im Einklang mit der Natur ließen sich fortan zahlreiche Kulturschaffende leiten. Der Franzose Paul Gaugin fand sein Paradies in der Südsee. Viele deutsche Künstler fanden ihren **Sehnsuchtsort auf Hiddensee**.

Zu den Pionieren der **Künstlerkolonie Hiddensee** gehörte **Alexander Ettenburg** (1858–1919), ein ziemlich schräger Vogel und selbsternannter Theaterkünstler, der 1888 erstmals „dat söte Länneken" betrat (▸ Grieben Seite 78). Ettenburg war von der Insel so angetan, dass er ein Grundstück auf dem Dornbusch pachtete und dort, wo heute die Ausflugsgaststätte *Zum Klausner* (▸ Seite 85) steht, Holzhütten und eine Schänke für Tagestouristen einrichtete. Eine kleine Bucht an der Steilküste wurde seine Naturbühne. Hier führte er, vor den staunenden Hiddenseer Fischern, selbstgeschriebene Stücke auf.

Ab Anfang des 20. Jahrhunderts kamen immer mehr Maler auf die Insel. **Otto Müller** und Erich Heckel, Vertreter der damals jungen Künstlervereinigung *Die Brücke*, ließen sich auf Hiddensee inspirieren. Zur gleichen Zeit zogen auch junge Frauen wie die Berliner Malerinnen **Clara Arnheim** und **Henni Lehmann** mit ihren Staffelleien über die Insel, bannten ebenfalls Meer und Wolken, Steilküste und Strand auf die Leinwand, porträtierten die Hiddenseer Frauen und Kinder, wie Marion Maggas in ihrem Buch „Wie sich die Malweiber die Ostseeküste eroberten" beschreibt (▸ Seite 39).

Einer der prominenten Künstler, in deren Schlepptau weitere Künstler nach Hiddensee kamen, war der Berliner Maler **Oskar Kruse**. Der kaufte 1904 ein großes Grundstück in Kloster und ließ sich einen märchenhaften Landsitz, die *Lietzenburg* (▸ Seite 72), bauen und lud im Sommer Künstlerkollegen zu sich ein. So wurde die Insel in Berliner Promikreisen immer bekannter.

Nach dem Ersten Weltkrieg lebten besonders viele Künstler auf Hiddensee. In den Inselhotels logierten in den 1920er Jahren Hunderte Berühmtheiten der damaligen Künstler- und Intellektuellenszene. In Vitte residierte die dänische Leinwanddiva **Asta Nielsen** im eigenen Haus (▶ Seite 58). Bei ihr verbrachten illustre Zeitgenossen wie der Schriftsteller und Kabarettist **Joachim Ringelnatz** unbeschwerte Sommerwochen.

Schriftsteller **Gerhart Hauptmann** (▶ Seite 76) hatte sich 1924 in Kloster, im *Haus am Meer*, einquartiert. Zur gleichen Zeit waren dort auch **Thomas Mann** – damals schon gefeierter Autor der *Buddenbrooks* und anderer Werke der Weltliteratur – und seine Familie zu Gast. Die Manns konnten die Sommerfrische allerdings nicht genießen – und das lag nicht am Urlaubsziel an sich. Es war das größere Interesse, das dem älteren und berühmteren Kollegen von anderen Inselgästen entgegengebracht wurde. Dieses Nummer-Zwei-Sein hat dem geltungsbedürftigen Thomas Mann arg zu schaffen gemacht. Schließlich traten die Manns vor der geplanten Zeit die Rückreise an. Für zwei so Große, den Nobelpreisträger Hauptmann und den Nobelpreisträger in spe – Mann wurde die größte Auszeichnung 1929 zuteil – war die Insel doch zu klein.

Mit Hitlers Machtergreifung war auch das sommerliche Stelldichein der Künstler und Intellektuellen vorbei. Hauptmann konnte seine Sommer zwar immer noch auf der Insel verbringen, doch viele der jüdischen Intellektuellen erkannten die Zeichen der Zeit, kehrten, wenn sie konnten, Deutschland den Rücken und kamen auch nach dem Krieg nie wieder nach Hiddensee zurück.

Das eigenwillige Haus der Stummfilmdiva Asta Nielsen: Karusel in Vitte

Geschichte

Ab ca. 7000 v. Chr.
Nach dem Ende der Eiszeit erobern sich die Menschen in Mitteleuropa neue Lebensräume, auch Rügen und die kleine Nachbarinsel Hiddensee werden in dieser Zeit besiedelt.

600 v. Chr.–1. Jh. n. Chr.
In der Eisenzeit lassen sich die ostgermanischen Rugier auf Rügen und Hiddensee nieder.

3.–6. Jh. n. Chr.
Während der Zeit der großen Völkerwanderung verlässt die germanische Bevölkerung den südlichen Ostseeraum.

Ab dem 7. Jh.
Slawen rücken in das fast entvölkerte Gebiet vor.

1158
König Waldemar I. von Dänemark erobert die Festung *Jaromarsburg* am Kap Arkona auf Rügen, christianisiert die besiegten Slawen. Stammesfürst Jaromar, der sich den Dänen unterworfen hat, wird Lehensträger der dänischen Krone. Wie Rügen steht auch Hiddensee fortan als Lehen unter dänischer Oberherrschaft.

1296
Wizlaw II., der Fürst von Rügen, übereignet die Insel Hiddensee dem Zisterzienserkloster Neuenkamp – mit der Auflage, auf Hiddensee ein weiteres Kloster zu bauen. Die Schenkung umfasste Fischereirechte und Rechtsansprüche und hat nicht nur einen frommen Hintergrund: Die Ansiedlung der arbeitsamen Zisterzien-

Stralsund um 1890

ser soll auch die wirtschaftliche Entwicklung der dünn besiedelten Insel fördern.

1297
Die ersten Mönche ziehen in die fast fertiggestellt Abtei *Nikolaikamp* ein.

1306
Das Leuchtfeuer auf dem Gellen wird gebaut, ebenso eine kleine Seefahrerkirche in der Nähe des Leuchtfeuers.

1325
Wizlaw III. stirbt, mit ihm erlischt das slawische Fürstenhaus. Hiddensee und Rügen sowie dazugehörige Festlandgebiete fallen unter die Herrschaft der Herzöge von Pommern-Wolgast.

1332
Die Bauernkirche vor dem Klostertor (heute Kirche von Kloster) wird eingeweiht.

1535
Im Zuge der Reformationswelle wird in Pommern der evangelisch-lutherische Glaube als Landesreligion eingeführt; das Hiddenseer Kloster wird säkularisiert, die Zisterzienser werden vertrieben; Grundbesitz und Inventar des Klosters gehen in den Besitz des pommerschen Herzogs über.

1618–1648
Während des Dreißigjährigen Krieges besetzen nacheinander die Truppen der katholisch-kaiserlichen Armee unter Wallenstein, schwedische und dänische Truppen die Inseln Rügen und Hiddensee. Im Westfälischen Frieden wird das Gebiet den Schweden zugesprochen und firmiert fortan als Teil von „Schwedisch-Pommern".

17./18. Jh.
Adlige Gutsherren enteignen einen Großteil der Bauern, zwingen sie in die Leibeigenschaft.

1711/12
Im Nordischen Krieg belagern dänische, russische und sächsische Soldaten Stralsund. Schwedische Truppen versuchen, die Eroberer zurückzudrängen. Im Herbst 1712 tragen Dänen und Schweden zwischen Hiddensee und der Halbinsel Wittow (Rügen) eine der größten Seeschlachten der Ostseegeschichte aus. Mehrere Dutzend schwedische Schiffe werden geentert und versenkt.

1720
Im Frieden von Stockholm wird die schwedische Herrschaft über das Gebiet bestätigt.

1806
Die Leibeigenschaft in Schwedisch-Pommern wird auf Geheiß des schwedischen Königs abgeschafft.

1815
Nach der Niederlage Napoleons in den Koalitionskriegen wird Europa neu geordnet. Der Wiener Kongress spricht Schwedisch-Vorpommern dem Königreich Preußen zu.

1835
Das Stralsunder Heiliggeistspital kauft die Insel Hiddensee.

1872
Nach einer schweren Sturmflut wird der *Hiddenseer Goldschmuck* gefunden (► Seite 17).

1888
Der Leuchtturm auf dem Dornbusch nimmt den Betrieb auf.

1892
Die Ausflugsdampferverbindung Stralsund-Kloster geht an den Start.

Ab 1900
Immer mehr Künstler entdecken Hiddensee als Ort der ursprünglichen Sommerfrische und Quelle künstlerischer Inspiration.

1905
Auf Hiddensee tritt erstmals ein Arzt seine Stellung an.

1920er/30er Jahre
Hiddensee erlebt einen regelrechten Ansturm von prominenten Badegästen – Gerhart Hauptmann, Thomas Mann, Albert Einstein und viele andere Größen der deutschen Kulturlandschaft geben sich auf der kleinen Insel ein Stelldichein.

1927
Hiddensee wird ans Stromnetz angeschlossen.

1936
Die Biologische Forschungsanstalt, heute Vogelwarte Hiddensee, wird gegründet.

1938
Im Zuge der Kriegsvorbereitungen wird die Flak-Artillerie-Stellung auf dem Enddorn gebaut.

1939
Die drei Inselgemeinden Neuendorf, Kloster und Vitte werden zur „Gemeinde Hiddensee“ zusammengeschlossen.

1945
Am Ende des Zweiten Weltkrieges besetzen sowjetische Truppen die Insel.

1946
Auf der Basis eines im September 1945 erlassenen Gesetzes zur Bodenreform werden Großgrundbesitzer enteignet, das Land unter Bauern und Landarbeitern aufgeteilt. Kurz

Pferdeschlitten nach Hiddensee: Im Winter 1963 war die Ostsee zugefroren

Auch zu DDR-Zeiten war Hiddensee beliebtes Ausflugsziel

darauf drängt die Führung der jungen DDR die Bauern, sich in Landwirtschaftlichen Produktionsgenossenschaften (LPGs) zusammenzuschließen.

1953

Bei der „Aktion Rose" werden Hotel- und Pensionsbetreiber enteignet, der staatliche Gewerkschaftsbund FDGB übernimmt einige Häuser.

1950er Jahre–1989

Hiddensee ist beliebtes Ferienziel, die meisten Sommergäste sind FDGB-Urlauber.

1990

Nach der Wiedervereinigung gehören Rügen und Hiddensee zum neuen Bundesland Mecklenburg-Vorpommern. Der Nationalpark Vorpommersche Boddenlandschaft wird ausgewiesen, zu den geschützten Gebieten gehört auch Hiddensee.

1990er/2000er Jahre

Auch immer mehr Touristen aus dem alten Bundesgebiet entdecken die Insel als Urlaubsgebiet. Die touristische Infrastruktur wird modernisiert – die Kapazitäten aber nicht nennenswert aufgestockt.

2013

Hiddensees Bürgermeister Thomas Gens (damals CDU) kandidiert für den Landtag, im Zuge dessen wird bekannt, dass er in der Vergangenheit für die rechtsextreme DVU tätig war. Als die CDU gegen Gens vorgeht, solidarisieren sich seine Parteifreunde auf der Insel und gründen die *Hiddenseepartei*.

2014

Bei den Kommunalwahlen wird Thomas Gens (jetzt *Hiddenseepartei*) mit 76,5% der Wählerstimmen als Bürgermeister Hiddensees bestätigt.

2015

Hiddensee hat knapp 1000 Einwohner, rund 3400 Gästebetten und rund 63000 Urlauber mit insgesamt rund 380000 Übernachtungen.

Hiddensee in der DDR-Zeit

„Hoch stand der Sanddorn am Strand von Hiddensee", schmetterte die junge Nina Hagen 1974 ins Mikrophon, um ihren Freund, den „Micha", dann mit röhrender Punkstimme anzuklagen: „Du hast den Farbfilm vergessen, mein Michael, nun glaubt uns kein Mensch, wie schön's hier war, hahaha ...".

Der Schlager mit dem frech-ironischen Text, Hagens größter Hit in der **DDR**, macht's deutlich – Hiddensee war ein ganz besonderer Ort für die Bürger des kleineren deutschen Staates. Die Insel war ein Außenposten in der Ostsee, ein Stückchen Land, das nicht durch Stacheldraht und Minenfeld vom Westen getrennt, sondern gewissermaßen durch das Meer mit der großen, weiten Welt verbunden war. De facto kam man natürlich auch ab Hiddensee nicht eben mal so weg, war auch das nahe Dänemark allenfalls durch eine lebensgefährliche Flucht zu erreichen.

Massentourismus wie auf Rügen und Usedom hat es auf Hiddensee nie gegeben. Auch zu DDR-Zeiten wurden auf der kleinen Insel keine Bettenburgen gebaut. Die Einheitsgewerkschaft FDGB, die **Ferienreisen für die Werktätigen** der DDR organisierte, nahm die vornehmen Hotels aus der Vorkriegszeit für ihre Zwecke in Beschlag. Um einen Urlaubsplatz auf der Insel konnten sich die Angehörigen der volkseigenen Betriebe bewerben, die Wartezeiten waren lang, die Vergabepraxis undurchsichtig. Auch

Auch in der DDR spielte der Fischfang auf Hiddensee eine wichtige Rolle

Der Leuchtturm Dornbusch 1980

Privatvermieter mussten Fremdenzimmer zur Nutzung durch den FDGB anmelden, nur etwa zehn Prozent der vorhandenen Gästebetten konnten privat vermietet werden. Die Hiddenseer wussten um den Marktwert ihrer zumeist spartanisch ausgestatteten Fremdenzimmer – und ließen sie sich gern in einer besonderen Währung bezahlen: Wer schwer zu beziehende Baustoffe, gern auch Fliesen fürs Bad, mitbringen konnte, erhöhte seine Chancen auf ein Quartier.

Völlig frei konnten sich die Badegäste auf der ostdeutschen Sonneninsel nicht bewegen. Die Südspitze Hiddensees war **militärisches Sperrgebiet** und gelegentlich schreckten tieffliegende Kampfhubschrauber der NVA die Nudisten in den Dünen auf. Den Gebrauch von Luftmatratzen duldeten die patrouillierenden Grenzer nur am Strand. Sobald sich jemand mit der Matratze ins Wasser wagte, war Ärger vorprogrammiert. Schließlich hätte die Schwimmhilfe zur Republikflucht über die Ostsee genutzt werden können. Die dänische Insel Møn liegt ja nur 50 Kilometer von Hiddensees Küste entfernt. Nach Einbruch der Dunkelheit war der Aufenthalt am Strand nicht erlaubt.

Die Andersdenkenden der DDR fühlten sich hier dennoch freier als anderswo im Land. Zahlreiche Intellektuelle heuerten auf Hiddensee als Saisonkräfte an, um der ideologischen Gängelung an einem „normalen" Arbeitsplatz zu entgehen. Die allgegenwärtige Staatssicherheit ließ sie gewähren. Wohl auch, weil sich die „subversiven Kräfte" auf der überschaubaren Spielwiese Hiddensee ganz gut ins Visier nehmen ließen.

Feste auf Hiddensee

Januar

Den Auftakt im Hiddenseer Festkalender macht ein ziemlich skurriles Spektakel – mehr als 70 Teilnehmer treten dabei mit den nadelnden Bäumen an, die als weihnachtlicher Schmuck des Wohnzimmers ausgedient haben. Wer hat die beste Wurftechnik? Das ist die Frage, um die es sich beim **Weihnachtsbaumweitwerfen** auf dem Sportplatz in Vitte dann dreht. Ist es besser, die Tanne am Stamm zu packen und nach vorn zu werfen oder sollte man das Bäumchen vor dem Loslassen schwungvoll drehen? Beim Wettbewerb 2015 ließ die beste der weihnachtsbaumwerfenden Frauen – mit welcher Technik auch immer – ihre Tanne 6,14 Meter weit fliegen, bei den Männern wurde sogar eine Weite von knapp 9 Metern erreicht. Wer hinter dem ausgelassenen Treiben einen uralten Brauch vermutet, irrt gewaltig. Der Wettbewerb wurde auf Hiddensee erst in den 2010er Jahren ins Leben gerufen. Den Inselbewohnern gefällt's – schließlich ist es ein Grund, in der Jahreszeit, in der sonst gar nichts los ist auf Hiddensee, zusammenzukommen und bei Glühwein, Grillwurst, Kartoffelsuppe und Stockkuchen den Inselwinter zu genießen.

April/Mai

Osterfeuer gibt es auf Hiddensee nicht, dafür knistert es zu Pfingsten, wenn die Freiwillige Feuerwehr in Vitte das **Pfingstfeuer**, einen großen Stoß Baum- und Strauchschnitt, entfacht.

Juni

Mag sein, dass man sich mit dem Fest Ende Juni auf die Zeiten besinnt, als die Region zu Schweden gehörte. Jedenfalls feiern die Hiddenseer – wie die Schweden – den **Mitsommer** mit

Ostern ans Meer?

So geht das richtig! Fisch ausnehmen gibt's nicht nur beim Hafenfest zu sehen

Musik und Tanz – gegessen und getrunken wird bei der Gelegenheit natürlich auch. Auch zu diesem Ereignis treffen sich Insulaner und ihre Gäste auf dem Sportplatz von Vitte.

Juni/Juli

Ende Juni/Anfang Juli findet open-air in Kloster die **Palucca-Tanzwoche** statt, ein Workshop der Dresdner Palucca Hochschule für Tanz. Mit dem Event erinnert die Hochschule an ihre Gründerin Gret Palucca, die Grande Dame des Ausdrucktanzes, die ab 1948 viele Sommer auf Hiddensee verbrachte.

Juli

Neuendorf lädt im Juli zum **Sommerfest am Hafen** ein. Ende Juli lohnt sich aber auch ein Abstecher nach Stralsund. Die Hansestadt erinnert mit den **Wallensteintagen** an den Widerstand gegen die katholische kaiserliche Armee im Dreißigjährigen Krieg. Als Besucher kann man eintauchen in das historische Marktreiben, den Festumzug und das Barockfeuerwerk am Rathaus bestaunen.

www.wallensteintage.de

August

Im August richtet dann Kloster – Hiddensees schönster Ort – das **Hafenfest** aus. Selbstverständlich gibt es dann Kühles vom Fass und Heißes vom Grill. Dazu laden die Veranstalter aber auch den einen oder anderen Star aus DDR-Tagen ein, der dann die Bühne am Hafen rockt.

Mit der Reihe **Jazz und Meehr** klingt der Veranstaltungskalender Ende August aus. Kein Wunder, dass sich so mancher Insulaner dann auch schon wieder auf den Weihnachtsbaumweitwurf freut.

www.seebad-hiddensee.de/veranstaltungshoehepunkte

Da Hiddensee nahezu autofrei ist, sind die Pferdewagen ein beliebtes Fortbewegungsmittel ▶ Seite 35

Reisepraktisches

Klima & Reisezeit

Welche Reisezeit ideal ist für einen Ausflug nach Hiddensee, hängt ganz von den Aktivitäten ab, die man auf der Insel plant. Badenixen und Sonnenanbeter kommen im Juli und August auf ihre Kosten, zum Wandern und Radfahren sind Frühling und Herbst ideal. Aber auch der Winter, wenn man sich mit dem Kremser durch die von Raureif überzogene Landschaft kutschieren lassen oder sich, warm eingemummelt, bei einem Strandspaziergang, den Wind um die Nase pusten lassen kann, hat seinen Reiz. Mai, Juni und September sind in der Regel die sonnenreichsten Monate auf der Insel, der meiste Regen fällt im Juli, die Schauer sind dann meist kurz, aber heftig.

Klima

Das **Ostseeküstenklima**, das für Hiddensee bestimmend ist, unterliegt ebenso dem milden, maritimen nordatlantischen Einfluss wie auch den kontinentalen Einflüssen. Die Folge sind starke Luftbewegungen, lebhafte Winde und eine gewisse Unzuverlässigkeit: So hat man es im Sommer mal mit von Osten kommenden Hochdruckwetterlagen zu tun, die eine eher trockene Hitze bringen, dann wieder mit atlantischen Tiefausläufern, die für feuchtwarmes Wetter sorgen. Die Wintermonate können sich mit strenger Kälte und Sonnenschein aber auch mäßig kalt und feucht präsentieren.

Sonnenscheindauer

Hiddensee gehört zu den Regionen in Deutschland, in denen die Sonne besonders oft und lange scheint, im Durchschnitt 1850 Stunden pro Jahr, mitunter sogar deutlich länger: Einen Rekord hat das Jahr 2008 dem Dornbusch (Hiddenseer Hochland) mit 2168 **Sonnenstunden** beschert.

Temperaturen

Luft: Im Frühjahr und Herbst kann das Thermometer mit etwas Glück bis auf 20 °C klettern und im Hochsommer werden schon mal Spitzenwerte bis 35 °C erreicht.

Wasser: Die Temperatur der Ostsee liegt meist zwischen 3 °C und 15 °C, steigt aber im Sommer auf bis zu 20 °C.

Klimatabelle Hiddensee

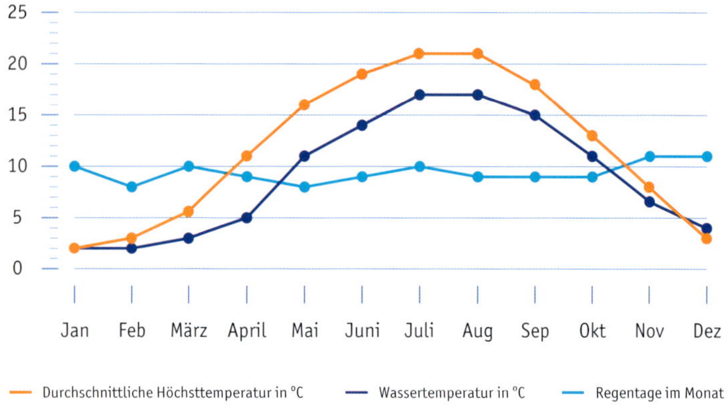

Wenn die Fähre anlegt, kann es am Hafen von Vitte schon mal voll werden

Ankommen

Die autofreie Insel Hiddensee ist im Schiffslinienverkehr das ganze Jahr über ab Schaprode auf Rügen und von April bis Oktober sowie von Weihnachten bis Neujahr ab Stralsund zu erreichen. Im Sommer pendeln zudem Ausflugsschiffe ab Breege, Dranske, Wiek und Ralswiek auf Rügen und Zingst.

Überfahrt mit dem Schiff

Reederei Hiddensee

Die Reederei bietet Online-Buchung an – anstehen muss man trotzdem, weil die Tickets am Fahrkartenschalter abgeholt werden müssen. Nicht jede Schiffsverbindung ist für **Passagiere mit eingeschränkter Mobilität** geeignet. Details verrät der Fahrplan.

www.reederei-hiddensee.de
Büro Stralsund | Fährstr. 16 |
Tel. (0 38 31) 2 68 10 | Büro Vitte | Achtern Diek 4 | Tel. (03 83 00) 2 10

Ab Schaprode (Rügen) laufen die Schiffe ganzjährig Neuendorf, Vitte und Kloster an, täglich werden bis zu 16 Abfahrten angeboten. Die Überfahrt nach Neuendorf dauert 25 Minuten, nach Kloster oder Vitte 45 Minuten. Wer am gleichen Tag zurückfährt, kann mit der Tageskarte sparen.

Fahrpreise Schaprode–Neuendorf

Einfache Fahrt: 9,20 €, Kinder (4-14 J.) 5,30 €, Fahrrad 4,50 €; Tageskarte: 15,50 €, Kinder 9,10 €, Fahrrad 7 €

Fahrpreise Schaprode–Vitte/Kloster

Einfache Fahrt: 11 €, Kinder (4–14 J.) 6,30 €, Fahrrad 4,50 €; Tageskarte 17,90 €, Kinder 10,10 €, Fahrrad 7 €

★ **Ab Stralsund** legen die Schiffe im Frühling und Sommer viermal, im Herbst dreimal täglich ab. Die Überfahrt nach Neuendorf dauert 90 Minuten, nach Vitte 2 Stunden, nach Kloster 2 Stunden und 15 Minuten. Die Überfahrt ab Stralsund dauert zwar wesentlich länger, ist aber auch besonders schön. Der Blick auf die Skyline von Stralsund und gleichzeitig die Umrisse von Hiddensee am Horizont, da setzt sofort das Urlaubsgefühl ein. Bei Rückfahrt am gleichen Tag lohnt auch hier der Kauf einer Tageskarte.

Fahrpreise Stralsund–Neuendorf
Einfache Fahrt: 11 €, Kinder (4–14 J.) 5,70 €, Fahrrad 5 €; Tageskarte: 19,10 €, Kinder 9,40 €, Fahrrad 8,20 €

Fahrpreise Stralsund–Vitte/Kloster
Einfache Fahrt: 12,80 €, Kinder (4–14 J.) 6,70 €, Fahrrad 5€; Tageskarte: 19,90 €, Kinder 10,60 €, Fahrrad 8,20 €

Anreise bis zum Hafen

Für **Autofahrer** ist es praktisch, in Schaprode auf Rügen ins Schiff zu steigen, hier stehen Großparkplätze direkt am Hafen und am Ortseingang zur Verfügung, Vorbuchungen sind nicht erforderlich.

Um nach Schaprode zu gelangen, fährt man von der A20 an der Abfahrt Stralsund ab und weiter auf der B96 Richtung Stralsund, bis nach Rügen. Dann geht es auf der Landstraße via Dreschvitz und Gingst bis nach Schaprode.

Ab Bergen auf Rügen fahren auch **Busse** nach Schaprode (Linie 35), Fahrplanauskunft Tel. (0 38 38) 20 29 55. Bis Bergen wiederum kommt man mit dem **Fernbus** (www.berlinlinienbus.de und www.meinfernbus.de) aus vielen deutschen Städten oder mit der **Bahn** (www.bahn.de).

Ebenso bestehen **Fernbus- und Bahnverbindungen nach Stralsund**. Ab Stralsund Hauptbahnhof fahren dann die Busslinien 4, 6 und 7 bis zum Hafen, wo die Fähre nach Hiddensee ablegt.

Ab Stuttgart, Köln-Bonn und München bestehen **Flugverbindungen nach Rostock**, von dort wiederum Bahnverbindungen nach Stralsund.

Schweres Gepäck wird am besten mit dem Handwagen transportiert

Die Kremser bieten sich für An- und Abreise ebenso wie für Inselrundfahrten an

Unterwegs auf Hiddensee

Hiddensee ist (fast) autofrei, nur Polizei, Feuerwehr und Unfallrettung sind hier mit dem PKW unterwegs. Privatautos sind nicht gestattet.

Gepäcktransport

Für den Gepäcktransport stellen viele Vermieter Handwagen an den Hafen, die ihre Gäste benutzen können. Wer Unterstützung braucht, sollte sich vorab mit dem Gastgeber in Verbindung setzen und die Koffer abholen lassen.

Mit der Kutsche

Falls der Vermieter diesen Service nicht bietet, kann man sich samt Koffer mit einem der Pferdewagen transportieren lassen. Ansonsten stehen die Kremser natürlich auch für Inselrundfahrten zur Verfügung. Die Kutschen warten bei Ankunft der Schiffe im Hafen. In der Saison empfiehlt sich eine Platzreservierung.

Fuhrunternehmen

Fuhrgeschäft Birgit Mach
Neuendorf | Tel. (03 83 00) 50 19 und (01 71) 5 33 59 67

Fuhrmannshof Hiddensee
Vitte | Tel. (03 83 00) 6 80 15 und (01 71) 8 34 11 57

Fuhrmannshof Neubauer
Kloster | Tel. (03 83 00) 48 7 und (01 71) 7 15 38 09

Radfahren

Auf den meist gut gepflasterten Inselstraßen ist das Radeln kinderleicht und die beste Möglichkeit die Insel zu erkunden. Leihräder gibt es allerorten, ab ca. 6 € pro Tag.

Inselbus

Montag bis Freitag (außer an Feiertagen) pendelt ein Bus (ca. alle zwei Stunden zwischen 7 und 16.30 Uhr) zwischen den Inselorten – mit Halt in Grieben, Kloster, Vitte, Heiderose und Neuendorf.

www.seebad-hiddensee.de/service/wissenswertes/inselbus/

Übernachten

Egal, ob Sie am liebsten in einem Hotel oder einer Pension logieren oder eine Ferienwohnung oder ein Haus bevorzugen – das Spektrum der Gästequartiere auf der kleinen Insel ist groß und breitgefächert, von karoeinfach bis superchic. Viele Unterkünfte sind im offiziellen Gastgeberverzeichnis der Insel-Touristeninformation gelistet, online kann man auch die gedruckte Ausgabe bestellen.

www.seebad-hiddensee.de/unterkuenfte

Hilfreich bei der Suche ist auch die Website: www.hiddensee.de

Ferienwohnungen, Häuser und Zimmer vermittelt zudem **Hiddenseezimmer**.

Achtern Diek 24 | 18565 Vitte | Tel. (03 83 00) 6 03 04 | www.hiddenseezimmer.de

Stammgäste sichern sich ihr Feriendomizil für den nächsten Sommer oft schon ein Jahr im Voraus. Spätestens im März sollte man sich in jedem Fall um ein Quartier für die Hochsaison kümmern, spontan ist im Juli und August kaum ein freies Bett zu kriegen.

Preise

Kleine, einfache **Ferienwohnungen** (2–3 Pers.) bekommt man in der Hauptsaison (Juni–Sep./Feiertage) ab etwa 65 €, ein Ferienhaus (6 Pers.) mit gehobenem Standard für ca. 150 € pro Nacht. In der Nebensaison fallen die Preise um 20 Prozent und mehr, Hoteliers locken zudem mit Rabattaktionen (z. B. „drei Nächte bleiben, zwei bezahlen"). Dazu kommt die Kurtaxe: 1,50 € pro Gast/Tag (1 € in der Nebensaison).

Camping & Co.

Jugendherberge oder Campingplatz gibt es auf Hiddensee nicht, wildes Zelten ist nicht erlaubt.

Preissymbole

Unser Preissystem für empfehlenswerte **Hotel-/Ferienzimmer und Ferienwohnungen** (günstigste Wohnung/Doppelzimmer für zwei Personen pro Nacht in der Hauptsaison):

€ = preiswert (bis 70 Euro)
€€ = mittel (bis 100 Euro)
€€€ = exklusiv (über 100 Euro)

Aktiv auf Hiddensee

Hiddensee bietet eine ganze Menge Möglichkeiten, Urlaubstage mit sportlichen Aktivitäten zu füllen. Da es praktisch keine Autos und kaum Steigungen gibt, ist **Radeln** ein stressfreies Vergnügen (Radverleihe gibt es in allen Inselorten).

Für kleine **Wanderungen** bieten sich das Hochland mit dem Leuchtturm Dornbusch und der flache Bessin an der Boddenküste an, fürs **Spazierengehen und Joggen** der Ostseestrand.

Bodden und Ostsee sind **Segel- und Surfrevier**. Sport- und Segelboote können in Neuendorf, Vitte und Kloster vor Anker gehen. Wer den Sport mit Brett oder Segel lernen möchte, ist bei den Profis von der Surfschule in Vitte (▸ Seite 63) richtig.

Angeln ist in den Küstengewässern rund um die Insel grundsätzlich erlaubt. Die erforderlichen Berechtigungsscheine gibt's – gegen Gebühr – bei der Touristeninformation in Vitte.

Die schönsten Strände

Hiddensee lockt an seiner **Ostseeküste** (an der Inselwestseite) mit mehr als 15 Kilometern Strand. Nahe der Ortschaften Vitte, Kloster und Neuendorf wachen von Mai bis September Rettungsschwimmer über die Badenden. Die bewachten Abschnitte werden regelmäßig gereinigt, die Wasserqualität überprüft, es gibt Strandkorbverleih, Hunde dürfen (von Mai bis September) nicht mit an die bewachten Strände.

Behindertengerechte Strandaufgänge finden sich in Neuendorf Plogshagen (beim DLRG-Rettungsturm), in Vitte an der Mühle und am Süderende (beim DLRG-Rettungsturm) und in Kloster beim Zugang Kirchweg (beim Heimatmuseum).

Während die Orte der Insel von Süden nach Norden immer schöner werden, verhält es sich mit den Stränden genau umgekehrt. Den attraktivsten Abschnitt hat **Neuendorf**, der südlichste der drei größeren Inselorte, zu bieten: Weicher, heller Sandstrand und wilde, von Strandhafer bewachsene Dünen machen ihn zum Badeparadies. Entlang der südlich von Neuendorf-Plogshagen gelegenen Strandkilometer gibt es keinerlei Service für Touristen – hier genießt man Ruhe und Natur pur.

Fein und hell und im Sommer stark frequentiert ist der Strand von **Vitte**, der sich seit Jahren mit dem Gütesiegel „Blaue Flagge“ schmücken darf. An Vittes Strand komplettieren Surfschule und Bootsverleih (▸ Seite 63) die touristische Infrastruktur.

Der Strand von **Kloster** wird von der Steilküste des Hochlands geprägt und von der Huckemauer, die zum Schutz gegen die zerstörerischen Kräfte der See errichtet wurde. Ins Wasser gelangt man hier nur an den wenigen Stellen, an denen die Mauer unterbrochen ist.

Paradiesische Verhältnisse: weicher, weißer Sandstrand und klares Wasser

Die flach abfallenden Strände sind ideal für Kinder

Mit Kindern

Mit ihrem weichen, flach abfallenden **Sandstrand** bietet die Insel einen Spielplatz vom Feinsten. Nur Eimer und Schippchen muss man mitbringen, die anderen Zutaten sind in Hülle und Fülle vorhanden – wenn kleine Baumeister dann phantasievolle Burgen aus Wasser, Sand und Muscheln bauen können, kommt garantiert so schnell keine Langeweile auf.

Spielplätze

Wenn die Kleinen mal trocken bleiben sollen, bieten sich die **Themenspielplätze** in Vitte, Neuendorf und Kloster an, die Bildhauer Jo Harbort mit phantasieanregenden Holzfiguren ausgestattet hat: In Kloster ist das der Kleinkinderspielplatz „Jonas und der Wal" bei der Inselkirche, in Vitte der Kinderspielplatz „Vom Wind" am Edeka-Markt und in Neuendorf der Kinderspielplatz „Fischer un sin Frau" direkt am Ortseingang.

Urlaubsheft für Kinder

Das bunte Heft mit allerlei **Infos und Freizeittipps** ist eine tolle Lektüre für die ganz jungen Inselgäste. Erhältlich ist das Kinderheft (1 €) unter anderem an den Fahrkartenschaltern der Reederei Hiddensee und bei der Insel-Information in Vitte.

Jede Menge Abwechslung

Zum (kostenfreien) **Bastelstündchen** sind Kinder (5–12 Jahre), montags in Neuendorf und dienstags in Vitte eingeladen, von April bis Oktober können sich die Kleinen in der **Bernsteinschleiferei** und in der **Knotenschule** ausprobieren (hier dürfen auch Erwachsene mitmachen). Alle Infos zu den Aktivitäten für Kinder unter:
www.seebad-hiddensee.de/aktivitaeten/familie-und-kinder/familienaktivitaeten/wochenplaner

Medien & Literatur

Zeitungen

Überregionale Tageszeitungen sowie die regionale Tageszeitung *Ostsee-Zeitung* (www.ostsee-zeitung.de) bekommt man in Vitte (Zeitungsladen, Norderende 166) und in der Sommersaison auch in Buchhandlungen und anderen Geschäften.

Das *Hiddensee-Magazin*, das (außer im Januar) monatlich erscheint und Insulaner ebenso wie Gäste mit Hiddenseer-Neuigkeiten und Veranstaltungstipps versorgt, gibt es unter anderem hier:

Grieben

Der Laden | Dorfstr. 11

Kloster

Kaufmann Sturm | Kirchweg 6

Neuendorf

Einkaufsquelle | Schaulbarg 15

Vitte

Zeitungsladen | Norderende 166

Literatur

Under Hörner

Auf nach Hiddensee! – Die Bohème macht Urlaub

(Ebersbach & Simon 2003)

Die Autorin führt ihre Leser auf den Spuren berühmter Künstler und Künstlerinnen der Avantgarde der 1920 und 30er Jahre über die Insel.

Marion Magas

Wie sich die Malweiber die Ostseeküste eroberten

(Verlag Marion Magas 2010)

Biografien der Frauen, die sich zu Beginn des 20. Jhs. für ein selbstbestimmtes Leben für die Kunst entschieden und die die kleine Ostseeinsel zu ihrer Wahlheimat machten.

Marion Magas

Hiddensee – Versteckte Insel im verschwundenen Land

(Verlag Marion Magas 2010)

In ihren Essays zeichnen Zeitzeugen

Ein ruhiges Plätzchen findet sich auf Hiddensee fast jederzeit

ein Bild von der bunten „Republik Dornbusch“, die zu DDR-Zeiten etliche Intellektuelle anzog.

Diese und andere Titel der auf Hiddensee lebenden Autorin sind im Selbstverlag erschienen, am besten in einer der Buchhandlungen auf Hiddensee erhältlich oder unter: www.hiddenseekultur.de

Renate Seydel
Hiddensee – ein Lesebuch
(Ullstein Taschenbuch 2000)
Das Buch stellt berühmte Menschen vor, die von und über Hiddensee geschrieben haben.

Lutz Seller
Kruso
(Suhrkamp 2015)
Der Autor gehörte selbst zu den intellektuellen Aussteigern, die sich zu DDR-Zeiten als Saisonkraft auf Hiddensee verdingten. In seinem Roman erzählt er von einer ungewöhnlichen Freundschaft und vom Ende dieses anderen Deutschlands.

Christian Bauer
Klara Klühs und das rote Fahrrad
(Gollenstein Verlag 2015)
Ein Hiddensee-Krimi: Inselbewohner und Touristen feiern in Pastor Harmsens kleiner Kirche den Gottesdienst zum Jahreswechsel. Dörte, die wichtige 2. Altstimme im Chor, allerdings fehlt. Nicht nur Klara Klühs, Büchereileiterin mit Miss-Marple-Ambitionen, sorgt sich um ihre Freundin.

Tim Herden
Gellengold
(Mitteldeutscher Verlag 2012)
Reihe Insel-Krimi: Um Ruhe in sein Leben zu bringen, lässt sich Hauptkommissar Stefan Rieder von Berlin nach Hiddensee versetzen. Hier soll er als Zivilbeamter ein Auge auf die Sicherheit der Touristen haben – sehr zum Missfallen des Inselpolizisten Ole Damp. Als nahe dem Leuchtfeuer Gellen eine Leiche auftaucht, ist es mit der Ruhe vorbei und das ungleiche Duo muss sich für die Ermittlungsarbeiten zusammenraufen.

Die Fischerei hat eine lange Tradition auf Hiddensee

Wissenswertes von A–Z

Auskunft

Insel Information Hiddensee

Achtern Diek 18a | 18565 Vitte |
Tel. (03 83 00) 60 86 85

Ärztliche Versorgung

Inselarzt Ulf Müller

Allgemeinmediziner.
Süderende 57 | Vitte |
Tel. (03 83 00) 2 87

Zahnärztlicher Bereitschaftsdienst

Tel. (0 18 05) 92 46 68

Notfallnummern

Notfallpatienten werden in den Krankenhäusern in Bergen/Rügen oder Stralsund versorgt. Einen Landeplatz für Rettungshubschrauber gibt es in Vitte.

Rettungsdient: 112
Feuerwehr: 112
Giftnotruf: (03 61) 73 07 30
Rettungsschwimmer:
DLRG in Vitte | Tel. (03 83 00) 4 32

Apotheke

Eine Apotheke gibt es auf der Insel nicht, Medikamente können in der Adler-Apotheke in Gingst/Rügen (Tel. (03 83 05) 3 70) bestellt werden. Am nächsten Werktag kann das Medikament dann in der Rezeptsammelstelle in Vitte abgeholt werden.

Rezeptsammelstelle | Süderende 154 |
Vitte | Tel. (03 83 00) 5 05 65 |
Abholzeiten Mai–Okt. Mo 14.30–17,
Di–Fr 10–12 und 14–17, Sa 10–12 Uhr

Bank/Geldautomat

Filiale der Sparkasse Vorpommern in Vitte, mit Geldautomat.
Süderende 59 |
Mo/Fr 9.30–12, Di/Do auch 14–16 Uhr

Kartenverlust

Für Karten aller deutschen Kreditinstitute: Tel. 11 61 16

Fundbüro

Im Rathaus in Vitte.
Norderende 162 |
Tel. (03 83 00) 6 42 11 | Mo–Fr 8–12 Uhr

Gottesdienste

Kirche in Kloster.
Pfarramt Tel. (03 83 00) 3 28

Heiraten

Im Asta-Nielsen-Haus in Vitte kann man in feierlichem Ambiente heiraten. Infos und Termine beim Standesamt Westrügen.
Tel. (03 83 06) 1 59 28

Lebensmittel

Neuendorf: Einkaufsquelle |
Schaulbarg 15
Vitte: Edeka Markt |
Wallweg 1 | Tel. (03 83 00) 5 01 47
Kloster: Frischemarkt Sturm |
Hafenweg 6 | Tel. (03 83 00) 6 91 30
Inselmarkt Bach |
Kirchweg 33 | Tel. (03 83 00) 6 50 11
Grieben: Der Laden |
Dorfstr. 11 | Tel. (03 83 00) 2 77

Polizei

Norderende 162 | Vitte |
Tel. (03 83 00) 5 01 31

Post

Filiale im Edeka-Markt in Vitte.
Wallweg 1 | Tel. (03 83 00) 5 01 47

Ein weiter Blick, eine leichte Brise, idyllische Häuschen, Ruhe und Erholung pur – wie hier in Vitte ▸ Seite 53

Orte & Landschaften

Neuendorf & der Inselsüden

Das denkmalgeschützte Wiesendorf im Inselsüden hat seinen Charakter als beschaulicher Fischerort erhalten. Und die südlich anschließende Landzunge des Gellen bietet Naturidylle pur. Ein Highlight der Region ist der Süderleuchtturm.

Neuendorf

Neuendorf ist der südlichste Ort der Insel und aus touristischer Sicht der unspektakulärste. Hier gibt es längst nicht so viele Einkehrmöglichkeiten wie im „großen" Vitte und im malerischen Kloster. Und doch hat das Wiesendorf seinen ganz eigenen Reiz.

Wie zufällig zusammengewürfelt stehen hier die weißgetünchten, reetgedeckten Häuser auf der Wiese. Zu manchen davon führt nicht mal ein gepflasterter Weg, wer hin will, stapft auf Trampelpfaden durchs Gras. Weil sich Neuendorf immer noch als das präsentiert, was es schon immer war – ein Fischerdorf – hat man den gesamten Ort vor einigen Jahren unter Denkmalschutz gestellt.

Vom Hafen aus führt eine schmale Straße landeinwärts durch das Wiesendorf. An einem kleinen Platz, der so etwas wie die Dorfmitte markiert, weisen Wegweiser links nach **Plogshagen**, dem ältesten Teil des Dorfes, und rechts zum Fischereimuseum, das interessante Einblicke in den Alltag der Fischer gibt.

Die größten Sehenswürdigkeiten, die der Inselsüden zu bieten hat, liegen allerdings ein wenig außerhalb: Südlich von Neuendorf erstreckt sich die Landzunge **Gellen** mit dem **Süderleuchtturm**, in nördlicher Richtung – fast bis nach Vitte – die **Dünenheide**.

Neuendorfs Vorgänger: Plogshagen

Genau genommen ist Neuendorf nur die Hälfte eines Doppels. **Plogshagen** heißt der andere der beiden zusammengewachsenen Ortsteile. Plogshagen liegt südlich vom eigentlichen Neuendorf. Dass dieser Ortsteil der viel ältere ist, sieht man ihm heute nicht mehr an. Die Häuser aus Plogshagens Gründerzeit vor rund 700 Jahren stehen längst nicht mehr. Die Nachbarn in Neuendorf siedelten sich erst rund 400 Jahre später an. Das heißt, Insulaner waren sie schon zuvor. Bis dato hatten sie nördlich von Neuendorf in Glambeck gewohnt. Diese alte Wendensiedlung aber wurde von ihren Bewohnern um 1700 aufgegeben, bis auf spärliche Reste ist sie vom Erdboden verschwunden.

Weil Neuendorf genau wie Plogshagen gerade einmal 1,50 Meter über dem Meeresspiegel liegt, waren die Menschen hier der Urgewalt der Sturmfluten lange Zeit fast schutzlos ausgesetzt. Eine der größten dokumentierten Katastrophen war die Sturmflut des Jahres 1864, die Hiddensee an der südlich von Plogshagen gelegenen **Schwarzer-Peter-Bucht** durchtrennte. Ein acht Meter breiter Durchbruch entstand. Erst viele Jahre später gelang es, beide Inselteile durch einen Steindamm zusammenzuflicken.

Zerstörerisch ging auch die Sturmflut von 1872 ans Werk. Fast 24 Stunden lang wütete der Orkan an jenem 13. November, peitschte das Hochwasser über die Insel, zerstörte Häuser und Gerätschaften, ertränkte das Vieh. Der Durchbruch am *Schwarzen Peter* verbreiterte sich auf über 200 Meter. Bei all dem Unglück, das er über die Inselbewohner brachte, hatte der Herbststurm dennoch sein Gutes: Am Morgen danach wurde am

◂ *In Plogshagen, dem ältesten Teil Neuendorfs, stehen die Häuser verstreut auf der Wiese – oft ohne Zugangsweg*

Im Fischereimuseum Lütt Partie führen Fischer durch die Ausstellung

Strand von Neuendorf der erste Teil jenes Goldschatzes aus Wikingertagen gefunden, der heute als **Hiddenseer Goldschmuck** im Kulturhistorischen Museum von Stralsund (▸ Seite 98) bestaunt werden kann.

Dass die „Süder" – so werden die Bewohner von Plogshagen und Neuendorf in den anderen Inseldörfern genannt – jahrhundertelang wenig Kontakt mit den übrigen Insulanern hatten, können Plattdeutsch-Experten noch heute heraushören, zumindest, wenn sie den älteren Insulanern zuhören. Manche „plattdütschen" Worte spricht man nämlich im Süden Hiddensees in Nuancen anders aus als in der Mitte oder im Norden der Insel. Laien-Ohren dürften die feinen Unterschiede allerdings verborgen bleiben. Dass es in vergangenen Zeiten so wenig Austausch zwischen den „Südern" und den übrigen Insulanern gab, scheint aus heutiger Sicht befremdlich. Führt man sich jedoch die Lebensumstände der Fischerfamilien vor 150 oder 200 Jahren vor Augen – Kutschen hatten die armen Leute nicht und an Fahrräder war auch noch nicht zu denken –, kann man sich vorstellen, dass der Weg nach Vitte oder Kloster zu lang war für einen Sonntagsspaziergang. Der Alltag war kräftezehrend genug. Zum Gottesdienst in Kloster ließen sich die „Süder" daher höchst selten sehen. In aller Regel machten sie sich nur zu besonderen Anlässen – zu Hochzeiten, Taufen oder Trauerfeiern – auf den Weg zur einzigen Inselkirche.

Eine neue Zeit für Neuendorf brach 1907 an, als ein Anleger für Ausflugsschiffe gebaut wurde, die Badegäste in den abgeschiedenen Ort brachten. Die hölzernen Anlegestege von damals hielten den Naturgewalten allerdings nicht lange stand – sie wurden durch Eisgang zerstört. 1928 bekam Neuendorf dann einen **Hafen** für Fährschiffe und Kutter, ein Bollwerk, das den Kräften des Meeres die Standhaftigkeit von Beton entgegensetzt. Als in den Jahren nach der deutschen Wiedervereinigung Gelder flossen, wurde gleich neben dem Hafenbecken ein **Wasserwanderrastplatz** gebaut und 1998 in Betrieb genommen. Rund 40 Sportboote können hier heute vor Anker gehen, Freizeitkapitäne und ihre Crews finden eine moderne Infrastruktur – sanitäre Anlagen sowie Strom und Wasser am Steg.

Sehenswertes

Fischereimuseum „Lütt Partie"

Kommt man aus Richtung Vitte nach Neuendorf, fällt gleich am Ortsrand der rote Ziegelbau mit Reetdach auf – das Fischereimuseum. Weil der Fischfang das Leben auf der Insel über Jahrhunderte geprägt hat, haben sich die Fischer mit diesem Haus ein Denkmal gesetzt. In dem ehemaligen Reusenschuppen veranschaulichen Gerätschaften, Gegenstände und Fotografien, wie der Alltag auf dem Meer und daheim ausgesehen hat. Weil aber nichts das Fischerleben so lebhaft schildern kann wie ein Fischer selbst, bieten die Hauptakteure auch Führungen durch ihr Museum an. „Partien" wurden übrigens die Fanggemeinschaften genannt, zu denen sich die Neuendorfer Fischer zusammengeschlossen haben.

Pluderbarg 7 | Mai–Okt. tgl. 11–16 Uhr | Eintritt frei | Spenden für den Verein Fischereipartie Neuendorf e.V. erbeten

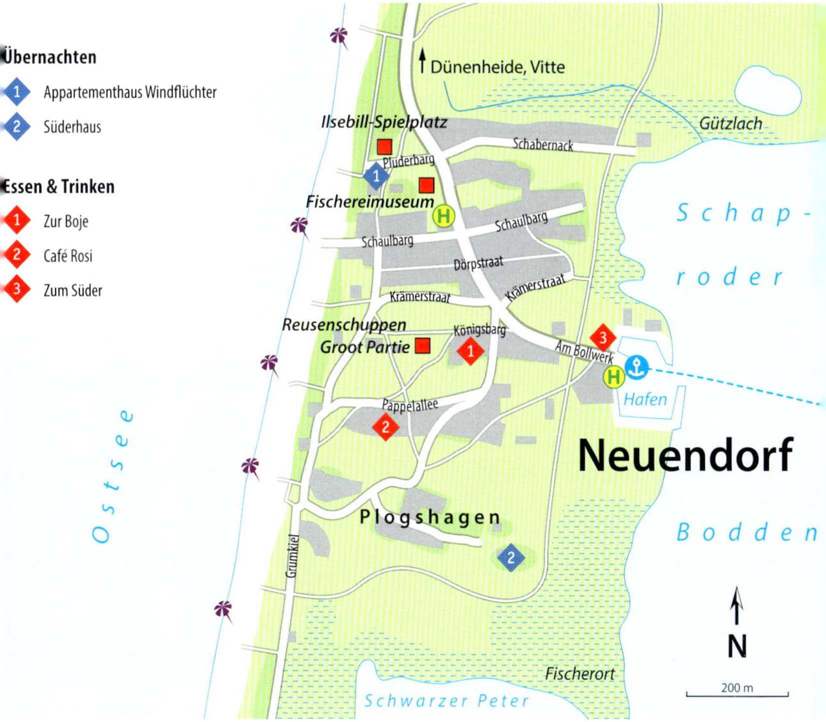

Reusenschuppen „Groot Partie“
Im Frühjahr 2016 öffnete die *Groot Partie* in Neuendorf ihre Tore. Der Fischerschuppen – im 19. Jahrhundert von der damaligen Reusengemeinschaft *Groot Partie* erbaut und in unseren Tagen zur Ruine verfallen – wurde wieder aufgebaut und zur Fischkate umgestaltet. Drinnen ist die Ausstellung *Heringe – das Silber des Meeres* zu sehen, die die Geschichte der Ostseefischerei erlebbar macht und in Zusammenarbeit mit dem Deutschen Meeresmuseum Stralsund gestaltet wurde.
Königsbarg 8 | Juni–Sep. tgl. 11–18, sonst Mi–So 11–18 Uhr | Eintritt frei

Ilsebill-Spielplatz
Ebenfalls am Ortseingang (aus Richtung Vitte kommend) findet sich rechts hinter dem Dünengürtel ein Spielplatz, den man sich auch anschauen sollte, wenn man keine Kinder im Schlepptau hat. Denn hier hat der Künstler Jo Harbort (*1951) ein Areal mit hölzernen Figuren bestückt, die das Märchen „Vom Fischer und seiner Frau“ erzählen. Fans der Brüder Grimm kennen wohl den Satz, mit dem sich der Fischer ein ums andere Mal an den Zauberfisch wendet: „Manntje, Manntje, Timpe Te, Buttje, Buttje inne See, myne Fru de Ilsebill will nich so, as ik wol will.“
Pluderbarg

Übernachten

Wie in den anderen Orten der Insel vermietet auch in Neuendorf fast jeder Einheimische Ferienwohnungen bzw. -zimmer.

Ferienwohnungen und Ferienzimmer

Appartementhaus Windflüchter 1
Direkt hinter der Düne, in unmittelbarer Nähe zum Badestrand, sechs Apartments und zwei Ferienwohnungen für max. 4 Pers. Apartment in der Hochsaison 72 €/Tag.
Pluderbarg 1 | Tel. (03 83 00) 3 64 | www.appartementhaus-windfluechter.m-vp.de | €

Süderhaus 2
Apartmentanlage mit 12 Ferienwohnungen in alten, reetgedeckten Häusern am Südrand von Neuendorf (Plogshagen), alle haben eine Terrasse, den Naturgarten und den Grillplatz können alle Gäste nutzen. Das *Süderhaus* veranstaltet auch ayurvedische Fastenseminare.
Plogshagen 33–35 | Tel. (03 83 00) 6 66 40 | www.suederhaus-hiddensee.de | €€–€€€

Essen & Trinken

Pension & Gasthus Zur Boje 1
Maritimes Lokal mit guter Fischküche, Fleisch und Vegetarisches gibt es aber auch.
Königsbarg 18 | Tel. (03 83 00) 65 20 | www.zur-boje-hiddensee.de | €€

Café Rosi 2
Regionale und mediterran angehauchte Küche, die Spezialitäten auf der Tageskarte richten sich nach dem Fang der Fischer. Süßmäuler schwören auf die hausgemachten Windbeutel.
Pappelallee 11 | Tel. (03 83 00) 5 01 68 | www.cafe-rosi.de | €–€€

via Tipp **Zum Süder** 3
Im Imbiss am Hafen lässt man sich Matjes & Co. am besten im Freien schmecken, den Anleger und die An- und Abreisenden hat man hier gut im Blick.
Am Bollwerk 3 | Tel. (03 83 00) 6 04 84 | €

Fahrradverleih

Freizeitladen Hiddensee E. Leschner
Schaulbarg 7 | Tel. (03 83 00) 4 77 | www.freizeitladen.net

Reif für die Insel – Hans Fallada

„Ich bin ihr einziger Wintergast, der überraschte Wirt muss sein Weihnachtsschwein schon jetzt schlachten, damit der Gast nur was zu essen hat. … Und ich renne über den Strand, eigentlich friere ich immer, und dann suche ich Bernstein oder schwatze und trinke mit den Fischern – und immer wieder einmal zwischendurch gehe ich in mein Zimmer, und schreibe, schreibe …", notierte der Mann, der sich als Schriftsteller das Pseudonym **Hans Fallada** zugelegt hatte, im Dezember 1931 auf Hiddensee.

Fallada hatte sich in einer Pension in Neuendorf eingemietet, weil ihm zu Hause, in Berlin, die Ruhe zum Schreiben fehlte. Und einen literarischen Erfolg hatte der junge Vater dringend nötig.

Bislang war sein Leben nicht gerade in geregelten Bahnen verlaufen. Als Schüler schon hatte er einen Selbstmord versucht, danach Zeiten in einer Nervenheilanstalt, später in Drogenentziehungskliniken verbracht. Erste literarische Versuche blieben ohne Erfolg. Ende der 1920er Jahre schien sich das Blatt zu wenden. Fallada verliebte sich, heiratete. 1930 erschien sein Roman *Bauern, Bonzen und Bomben*, der immerhin einige Beachtung fand. Mit seinem Folgewerk kam der ambitionierte Autor, der nun mit Ehefrau und Baby die Wohnung teilte, aber nicht recht voran.

Die Zeit auf Hiddensee mobilisierte dann aber die kreativen Kräfte. Kurz vor Weihnachten war Falladas Manuskript fertig. Sein Roman *Kleiner Mann – was nun?*, eines der wichtigsten literarischen Werke der Weimarer Republik, erschien 1932 im Rowohlt-Verlag – und wurde ein Welterfolg.

Der südlichste Teil Hiddensees – der Gellen – ist besonders einsam

Gellen

Am südlichen Rande von Neuendorf (Plogshagen) schließt sich der Gellen an, eine fast sieben Kilometer lange Landzunge, die an ihrer breitesten Stelle gerade einmal 500 Meter breit ist. Die Südspitze des Gellen ist heute als Schutzzone 1 des Nationalparks Vorpommersche Boddenlandschaft für Menschen gesperrt und ein wertvolles Rückzugsrevier für bedrohte Vögel.

Entstanden ist der Gellen in den vergangenen zweieinhalb Jahrtausenden durch Sandablagerungen, die typisch sind für ein Meer wie die Ostsee, wo sich der Wechsel der Gezeiten nur unwesentlich bemerkbar macht. Noch heute erstreckt sich auf dem Gellen parallel zum Ostseestrand ein kleines Waldstück mit Kiefern und Eichen. Einst dürfte die gesamte Fläche dicht bewaldet gewesen sein. Bei Ausgrabungen auf der Landzunge wurden vielerorts Hirschgeweihe und Eichenstubben gefunden. Auch der Name Gellen deutet auf die waldige Vergangenheit dieses Sandhakens hin. Das Wort leitet sich nämlich vom slawischen „jeleni" ab und das bedeutet Hirsch.

Der nördliche Teil, der sich von Neuendorf bis zur etwa drei Kilometer südlich gelegenen **Klimphoresbucht** erstreckt, ist der ältere Teil des Gellen. Der südlichere Abschnitt – von der Klimphoresbucht bis zur Südspitze Hiddensees – ist erst nach dem 12. Jahrhundert durch andauernde Sandablagerungen entstanden. Während der **Neugellen** immer noch wächst, tragen Wind und Wellen am Altgellen beständig Sand ab. Experten befürchten daher, dass an der Klimphoresbucht ohne weitere Befestigungsmaßnahmen über kurz oder lang ein Durchbruch droht.

Süderleuchtturm

Postkartentauglicher ist zwar der andere, der große Leuchtturm auf dem Dornbusch, der auch Hiddensees Wahrzeichen ist, für die Schifffahrt hat aber auch der kleine **Süderleuchtturm** auf dem Gellen große Bedeutung. In nautischer Fachsprache handelt es sich um ein Quermarkenfeuer, ein feststehendes Licht, das bei Dunkelheit gleichmäßig blinkt und im Umkreis von 360 Grad Lichtsignale ausstrahlt. Der Küstenschifffahrt dient Hiddensees Süderleuchtturm bei der Passage durch den Schaproder Bodden als Orientierungshilfe, es leitet Schiffe in das Fahrwasser Gellenstrom, das sie von der Ostsee kommend nutzen, wenn sie den Hafen von Stralsund anlaufen.

Der zehn Meter hohe Süderleuchtturm, bestehend aus rot und weiß gestrichenen Eisensegmenten auf einem Steinsockelfundament, wurde 1905 von der Firma *Pintsch* gebaut, die sich im kaiserlichen Berlin als Spezialist für Beleuchtungswesen einen Namen gemacht hatte.

Leider kann der Leuchtturm nicht von innen besichtigt werden, ist aber ein schönes Fotomotiv.

Überreste der Gellenkirche

Bei Niedrigwasser lassen sich ein paar hundert Meter südlich vom Leuchtturm noch die Überreste der versunkenen **Gellenkirche** erkennen. Das Gotteshaus – ein Backsteinbau auf Feldsteinfundament – wurde von den Zisterziensern errichtet und im Jahre 1302 geweiht. Dreißig Jahre lang, bis zur Weihe der Kirche in Kloster, war sie die Pfarrkirche der Insulaner. Auch Seeleute auf der Durchreise kamen hierher zur heiligen Messe, bevor sie sich wieder aufs Meer begaben. Nach der Reformation im 16. Jahrhundert verließen die Zisterzienser Hiddensee und die Kirche auf dem Gellen verfiel.

Der sogenannte Süderleuchtturm auf dem Gellen ist ein Quermarkenfeuer

Vitte & die Inselmitte

Vitte ist der größte Ort der Insel und profitiert von seiner Lage in der Inselmitte. Sowohl Neuendorf als auch Kloster sind mit dem Fahrrad relativ schnell erreichbar. Lohnend ist unter anderem der Besuch des Asta-Nielsen-Hauses – Romantiker können hier auch heiraten.

Vitte

Vitte ist, wenn man so will, das Verwaltungszentrum der Insel. Hier liegen die Polizeiwache, die einzige Bank und auch die Touristeninformation, der Kindergarten, die Schule und die Arztpraxis und auch das Kino und der einzige Supermarkt. Mit 650 Einwohnern ist Vitte auch der größte Ort Hiddensees.

Highlights

★ **Blaue Scheune:** Atelier Henni Lehmanns und des Hiddenseer Künstlerinnenbundes

★ **Karusel:** Das eigenwillig geformte Haus bewohnte die Schauspiellegende Asta Nielsen

Viele Touristen wählen die heimliche Hauptstadt der Insel als Standort für ihren Aufenthalt – denn sie liegt praktischerweise in der Inselmitte und so ist von hier aus alles leicht zu erreichen. Der klassische Spaziergang führt von Vitte aus ins zwei Kilometer nördlich gelegene Dorf Kloster. Viele Tagesausflügler, die zum Baden auf die Inseln kommen, machen es aber am liebsten so: in Vitte von der Fähre steigen, einen entspannten ★ **Strandspaziergang nach Neuendorf** machen und von dort wieder zum Festland zurückfahren.

Vitte liegt an einer besonders schmalen Stelle von Hiddensee: Nur knapp 300 Meter trennen hier den Hafen am Bodden vom Hauptstrandzugang an der Ostsee. Dazwischen liegt das Zentrum des Dorfes mit dem Rathaus, der *Blauen Scheune* und dem Edeka-Markt. Von hier breitet sich Vitte weiträumig mit gepflegten, meist eingeschossigen Häusern nach Norden und Süden aus.

Zur Orientierung hilfreich sind die Straßenbezeichnungen in Vitte: Die Straße *Süderende* führt am Ortsausgang Richtung Süden und damit nach Neuendorf; in Richtung Kloster heißt sie passenderweise *Norderende* – dort liegen auch die meisten der typischen alten Fischerhäuser.

Von Vit zu Vitte

Vitte wurde erstmals 1513 urkundlich erwähnt, damals bestand der Ort bereits aus 24 Fischerhütten, was darauf schließen lässt, dass hier schon viel länger Menschen lebten. Auch der Name des Ortes deutet darauf hin, denn unter „Vit" verstand man einen Ort, an dem die Fischer ihre Fänge an Land brachten. Und solche Vitten entstanden auf Hiddensee und Rügen im 13. und 14. Jahrhundert.

Einen richtigen **Hafen** bekam Vitte erst Anfang des 20. Jahrhunderts. 1905 ließ ein Berliner Geschäftsmann eine Anlegebrücke bauen, weil er einen regelmäßigen Ausflugsverkehr nach Hiddensee etablieren wollte. Konkurrenz belebte offenbar auch schon damals das Geschäft. Gustav Bentzien, der bis dahin die einzige Schiffsroute nach Hiddensee – die Fähre zwischen Stralsund und Kloster – unterhalten hatte, stampfte noch im Folgejahr eine zweite Anlegestelle aus dem Meeresboden und

◂ Der hübsche Hafen in Vitte ist ein idealer Ausgangspunkt, um den Ort und die Umgebung zu erkunden

In der Blauen Scheune traf sich der Hiddenseer Künstlerinnenbund

bot nun seinerseits auch Touren nach Vitte an. Trotzdem wurde Vitte noch lange kein Touristenort im eigentlichen Sinne. Anspruchsvolle Gäste fanden hier nicht die nötige Infrastruktur – es gab keine Restaurants, ganz zu schweigen von Kurhäusern oder Hotels.

Das ist heute anders. Vitte ist zum wichtigsten Hafen von Hiddensee geworden und bietet die beste Infrastruktur für Hiddenseeurlauber. Diese finden hier nicht nur den schönsten Sandstrand, sondern auch zahlreiche Unterkünfte, Restaurants, Cafés, Läden und Galerien.

Sehenswertes

★ Blaue Scheune

Schon allein wegen der auffälligen blauen Farbe kann man die *Blaue Scheune* kaum verfehlen. 200 Jahre ist das Gebäude alt, das einst der Bäckerfamilie Schwartz gehörte. Nach den Bäckersleuten zogen Kühe und Schafe ein, denn das Haus wurde nun zum Stall. 1924 kaufte dann die Malerin **Henni Lehmann**, die damals im Nebenhaus wohnte, das Gebäude und nutzte es als Atelier und Ausstellungsraum – allerdings nicht nur für sich, sondern für alle 15 Frauen des **Hiddenseer Künstlerinnenbundes**, zu dem unter anderem auch Katharina Bamberg, Clara Arnheim und Elisabeth Andrae und als berühmtestes Mitglied Elisabeth Büchsel gehörten. Auf Lehmann geht auch der blaue Anstrich zurück, der dem Haus zu seinem Namen verholfen hat.

Seit 1907 hatte Henni Lehmann mit ihrer Familie regelmäßig die Ferien auf Hiddensee verbracht und dabei die Insel und ihre Menschen so lieb gewonnen, dass sie sich auch sozial für sie engagierte. 1913 gewährte sie den Insulanern ein großzügiges Darlehen zum Bau eines Arzthauses und 1914 war sie Mitbegründerin des Natur- und Heimatschutzbundes.

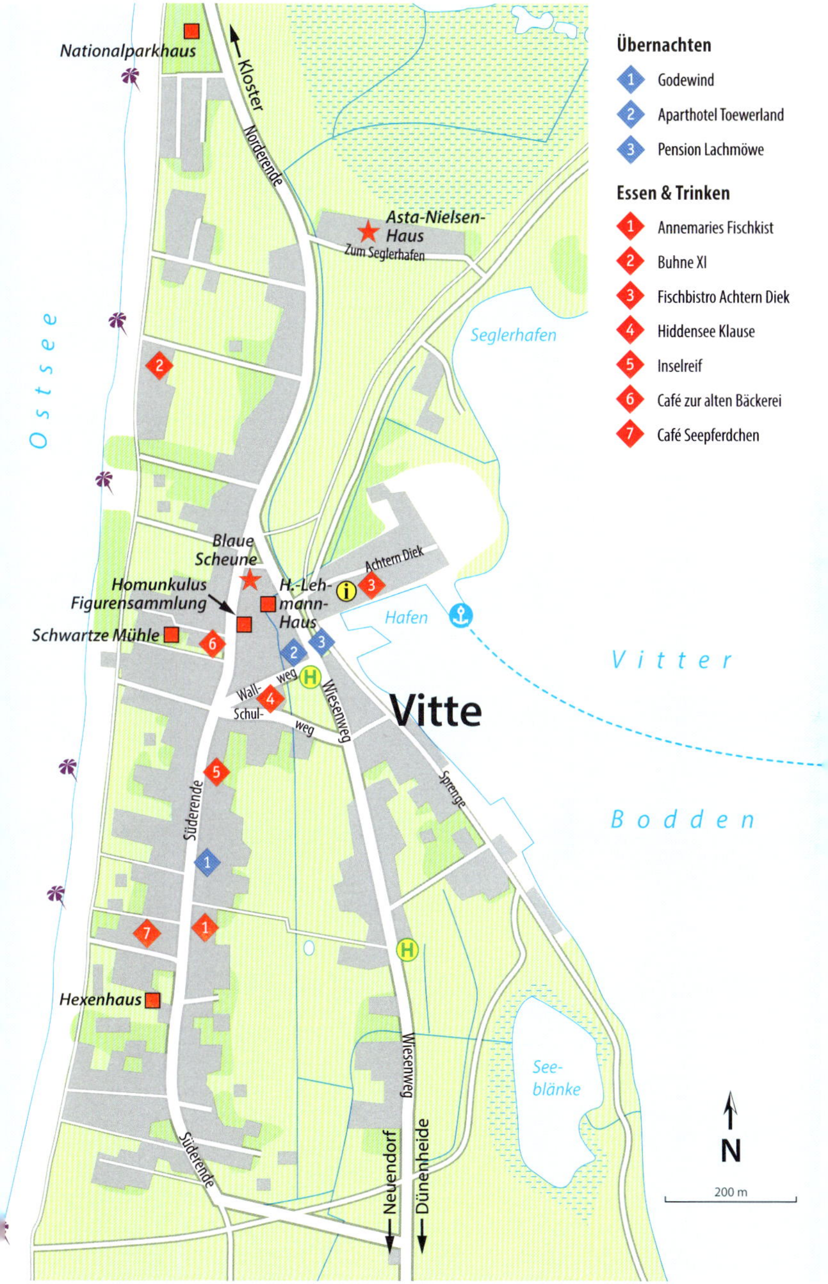

Übernachten

1. Godewind
2. Aparthotel Toewerland
3. Pension Lachmöwe

Essen & Trinken

1. Annemaries Fischkist
2. Buhne XI
3. Fischbistro Achtern Diek
4. Hiddensee Klause
5. Inselreif
6. Café zur alten Bäckerei
7. Café Seepferdchen

Obwohl Lehmann viel Gutes bewirkte, waren sie und die anderen kreativen Frauen den konservativen Hiddenseer Fischern suspekt – despektierlich sprachen sie von den „Malweibern". Mit ihren abfälligen Bemerkungen standen sie aber nicht allein da. Auch der Schriftsteller Gerhart Hauptmann, der wie ein inoffizieller Inselfürst auf Hiddensee lebte, konnte die Künstlerinnen nicht leiden. Im Sommer 1910 notierte er in sein Tagebuch: „Hiddensee. Es ist ein ekelhaft bekrochenes Eiland geworden. Ein dickes Weib [damit meinte er Henni Lehmann] hat eine Villa errichtet und malt frech vor der Tür mit zwei Zentnern am Leibe. Fürchterlich!"

Henni Lehmann war Jüdin. Als die Nazis 1933 an die Macht kamen, wurde der Künstlerinnenbund aufgelöst, Ausstellungen waren nicht mehr möglich. Noch bis 1936 nutze die Malerin die *Blaue Scheune* als Sommersitz. Ihre Kinder flohen ins Ausland, Lehmann blieb krank und ohne Hoffnung, den Nazis zu entkommen, in Deutschland zurück. Im Februar 1937 nahm sie sich 74-jährig das Leben. Ein ähnlich tragisches Schicksal ereilte Lehmanns Kollegin Clara Arnheim. Sie wurde 1942 in das KZ Theresienstadt deportiert, wo sie sechs Wochen nach Ankunft im Lager starb.

1955 kaufte der Maler Günter Fink das Hiddenseer Haus der „Malweiber", die damals weitgehend verfallene *Blaue Scheune*. Heute lebt die Witwe des im Jahr 2000 verstorbenen Künstlers darin.

Norderende 175

Henni-Lehmann-Haus

Im Henni-Lehmann-Haus verbrachte die Familie der Künstlerin (▸ *Blaue Scheune*) die Sommer zwischen 1907 und 1936. Nach einem Umbau diente das Gebäude zwischen 1938 und 1991 als Rathaus. Heute ist hier die Inselbibliothek untergebracht, in der auch Ausstellungen und Veranstaltungen stattfinden.

Wiesenweg 2

Schöne Sonnenterrasse des Museumscafés der Homunkulus Figurensammlung

Die Schwartze Mühle ist nach ihrem ersten Besitzer benannt

Homunkulus Figurensammlung
Ausstellung von Marionetten, von denen die meisten schon in der *Seebühne Hiddensee* „aufgetreten" sind. Gut in die Insellandschaft fügt sich der Neubau aus Lärchenholz ein, in dem sich auch das Museumscafé befindet. Im Sommer sitzt man draußen auf der Sonnenterrasse.

Norderende 181 | Tel. (03 83 00) 6 05 93 | www.homunkulus.de | Im Sommer tgl. 11–17 Uhr, die Öffnungszeiten in der Nebensaison werden kurzfristig festgelegt

Hexenhaus
Das winzige, etwas zurückversetzte Häuschen kann man von der Straße aus leicht übersehen. Einen kurzen Blick lohnt es aber, ist es doch das älteste noch erhaltene Fischerhaus auf der Insel – immerhin 260 Jahre hat das *Hexenhaus* schon auf dem Buckel.

Das Häuschen war unter anderem auch Sommersitz von Adolf Reichwein, einem SPD-Politiker der im aktiven Widerstand gegen Hitler war, dem Kreisauer Kreis angehörte und im Oktober 1944 von den Nazis in Berlin-Plötzensee hingerichtet wurde.

Das Hexenhaus befindet sich heute im Privatbesitz und kann deswegen nicht besichtigt werden.

Süderende 105

Schwartze Mühle
Ursprünglich gab es auf Hiddensee zwei Mühlen, die beide in den 1860er Jahren errichtet wurden. Die aber stehen schon lange nicht mehr.

Die – inzwischen flügellose – Mühle in Vitte wurde 1905 erbaut und war bis 1927 in Betrieb. Nach dem Zweiten Weltkrieg nutzte sie die berühmte Ausdruckstänzerin Gret Palucca (1902–1993) für einige Jahre als Sommersitz. Paluccas zweite Wohnung in Vitte, ein kleines Haus, das ihr ab 1961 als Sommersitz gedient hatte, ist im Februar 2009 abgerissen worden.

Die *Schwartze Mühle* kaufte dann 1960 der bekannte sächsische Architekt Helmut Trauzettel. Er war zu DDR-Zeiten vor allem als Planer von

Kindergärten bekannt. Er baute die Mühle zu einer Ferienwohnung aus und renovierte die Außenfassade.

Benannt ist die Mühle übrigens nach dem Müller und Bäckermeister Ewald Schwartz, der der erste Besitzer war.

Wiesenweg |
Besichtigung nur von außen möglich

★ Asta-Nielsen-Haus Karusel

Im *Karusel*, dem eigenwillig geformten Haus am nördlichen Dorfrand, hat die dänische Schauspielerin Asta Nielsen (▶ Seite 59), die Königin des Stummfilms, von 1928 bis 1936 ihre Sommer verbracht. Der dänische Name des Hauses bedeutet – unschwer zu erraten – nichts anderes als „Karussell". In ihrer Autobiographie schwärmte die Schauspielerin: „Auf Hiddensee, einer Insel westlich von Rügen, schaffte ich mir ein kleines Landhaus an, in dem ich – oft vier Monate lang – herrliche Ferien genoss." Und über Hiddensee schrieb sie: „Unter einem unfaßbar hohen und blauen Himmel, in Licht und Farben getaucht, die hier noch leuchtender waren als an anderen Orten des Nordens, liegt die schmale, primitive Insel wie eine Oase in der Ostsee …".

Erbaut wurde das *Karusel* 1922 von dem bekannten Architekten Max Taut. 1928 kaufte Nielsen das Haus, das ihr schnell zu einer zweiten Heimat wurde. Zu den bekanntesten unter ihren vielen Sommergästen zählten der Dichter Joachim Ringelnatz und der Schauspieler Heinrich George. 1936 verließ Nielsen Nazi-Deutschland, immer in der Hoffnung, sie würde schon bald wieder auf ihr geliebtes Hiddensee zurückkehren können. Der Briefwechsel mit der Verwalterfamilie, in dem sie diesen Wunsch immer wieder ausspricht, ist in der im *Karusel* untergebrachten Ausstellung dokumentiert. Bis 2009 hatte eine Lehrerswitwe in dem Haus gewohnt, dann blieb das baufällige Gebäude einige Jahre geschlossen, bevor es 2014, frisch renoviert, als Museum der Öffentlichkeit zugänglich gemacht wurde. Ein Highlight der Ausstellung ist ein edles Kleid der Diva. Erstaunlich ist dagegen die spartanische Einfachheit des im Obergeschoss gelegenen Schlafzimmers des damaligen Superstars.

Ebenfalls im Obergeschoss: das Hochzeitszimmer, in dem sich Verliebte heute das Ja-Wort geben und im Anschluss auf Nielsens Balkon mit Sekt auf eine gemeinsame glückliche Zukunft anstoßen können.

Zum Seglerhafen 7 | Tel. (03 83 00) 6 42 29 |
www.asta-nielsen-haus.de |
Mo–Di/Do–Sa 11–16 Uhr | Eintritt 2,50 € |
2x wöchentlich Führungen

Nationalparkhaus Hiddensee

Das letzte Haus in Vitte, auf das man Richtung Kloster gehend trifft, ist das 1998 eröffnete Nationalparkhaus. Es bietet eine kleine Dauerausstellung über den *Nationalpark Vorpommersche Boddenlandschaft* und seinen Hiddenseer Ableger. Das Meer und die Insel, Flora, Fauna und Naturgewalten werden unter dem Thema „Veränderung" betrachtet. Wohl weil das nicht so originell klingt, hat man alles unter den Leitspruch „Panta Rhei – Alles fließt" gestellt.

Das Nationalparkzentrum veranstaltet zudem kostenlose Naturwanderungen (Treffpunkt und Thema im Veranstaltungskalender der Insel).

Norderende 2 | Tel. (03 83 00) 6 80 41 |
www.nationalpark-vorpommersche-boddenlandschaft.de |
Jan/Feb. tgl. 13–16 Uhr, März/Nov./Dez. tgl. 10–15 Uhr, Apr.–Okt. tgl. 10–16 Uhr |
Eintritt kostenlos

Die Diva von Hiddensee

Genau genommen war **Asta Nielsen** der erste Filmstar überhaupt. Die Dänin, die 1881 als Tochter eines arbeitslosen Schmieds und einer Wäscherin zur Welt kam, wurde schon mit 20 Jahren fürs Theater entdeckt. Ihr ausdrucksstarkes Spiel faszinierte die Zuschauer und war die ideale Voraussetzung für eine Karriere beim Film. Damals gab es nur Stummfilme, für die Schauspieler gesucht wurden, die Geschichten mit ausdrucksstarker Mimik und Gestik erzählen konnten.

Das gelang Asta Nielsen in Perfektion. Schnell stellten sich die Erfolge ein, besonders in Deutschland war die Dänin gefragt. Meist spielte sie Rollen konfliktbeladener Frauen, deren Verhalten mit gesellschaftlichen Konventionen brach – und schnell wurde sie damit zum Inbegriff der schönen, selbständigen Frau. Frauen bewunderten sie, Männer lagen ihr zu Füßen. Asta Nielsen wurde zur von allen verehrten Diva.

Vielleicht war es gerade diese übergroße Bekanntheit, die sie Ende der 1920er Jahre auf Hiddensee eine Oase suchen ließ. Überall der Superstar, wurde sie auf Hiddensee kaum beachtet. Den Fischern waren Nielsens Filme egal, sie ließen die extravagante Dänin ebenso in Ruhe wie die anderen Berühmtheiten.

Unter den Künstlern, die auf der Insel im Sommer lebten, fand Nielsen schnell Freunde. Begeistert notierte sie: „Nirgends ist man so jung, so froh und so frei wie auf dieser schönen Insel."

Der Inseltraum endete für Nielsen wie für viele andere Künstler auf Hiddensee mit der Machtergreifung der Nazis. 1936 verließ sie die Insel und kehrte nie mehr zurück.

Information

Insel Information

Unmittelbar am Fährhafen gelegen, so kann man sich schon bei der Ankunft mit dem nötigen Infomaterial eindecken. Unbedingt empfehlenswert ist der monatlich erscheinende Veranstaltungskalender.

Achtern Diek 18a | Tel. (03 83 00) 60 86 85 | www.seebad-hiddensee.de

Übernachten

Hotels

Godewind 1

Der Klassiker in Vitte. Ganzjährig geöffnet. Doppelzimmer in der Hochsaison ab 105 €. Außerdem kann man Ferienwohnungen für bis zu sieben Personen mieten – ab 155 € in der Hochsaison. Das gemütlich-rustikal eingerichtete Restaurant bietet Gutbürgerliches, vor allem die Fischkarte bietet eine große Auswahl. Der Heringsteller für 13 € ist ebenso eine gute Wahl wie Dorsch, Zander oder Lachs. Im Sommer sitzt man draußen in der Sonne. Die Plätze auf der Terrasse sind allerdings schnell belegt. Am Frühstücksbuffet für 15 € können sich auch hotelfremde Gäste genüsslich stärken. Ehemalige DDR-Bürger erinnern sich an das *Godewind* als FDGB-Ferienheim *Karl Krull*.

Süderende 53 | Tel. (03 83 00) 66 00 | www.hotelgodewind.de | €€

Aparthotel Toewerland 2

Hell eingerichtete, relativ großzügig geschnittene Zimmer. Zentrale Lage in der Mitte des Ortes. Neun Doppelzimmer, aber auch Apartmentvermietung.

Wiesenweg 8 | Tel. (03 83 00) 60 70 | www.aparthotel-toewerland.de | €€

Pension

Pension Lachmöwe 3

Kleine Pension direkt am Hafen.

Wallweg 5 | Tel. (03 83 00) 2 53 | www.lachmoewe.de | €–€€

Ferienhäuser

Wie in den anderen Orten der Insel vermietet auch in Vitte fast jeder Ein-

Der weiße Sandstrand von Vitte ist besonders fein und idyllisch

Traditionelle Reetdachhäuser finden sich vielerorts auf Hiddensee

heimische Ferienwohnungen bzw. -zimmer. Details dazu im Gastgeberverzeichnis für Hiddensee. Die Qualität der Unterkünfte variiert stark – von Zimmern im DDR-Stil bist zu hochmodernen Ferienhäusern ist alles im Angebot. Nicht immer spiegeln die Preise die Qualitätsunterschiede wider.

Ferienhaus Stella Heide

Eine steile Karriere hat das Ferienhaus *Stella Heide* gemacht. Zu DDR-Zeiten war es nämlich nur ein Werkzeug- und Lagerschuppen. Nach dem aufwendigen Umbau ist ein kuscheliges Ferienhaus entstanden (inklusive Sauna), an dem aber vor allem die Lage so besonders ist – liegt es doch abseits des Touristentrubels mitten im Naturschutzgebiet, nur wenige Schritte vom Ostseestrand entfernt. Hauptsaison ab 150 €/Tag, Endreinigung 80 €, Mindestbelegung 5 Tage. In der Regel schnell ausgebucht.

In den Dünen 68 | Tel. (03 83 00) 6 05 25 | www. hausstellaheide.de | €€€

Essen & Trinken

via Tipp Annemaries Fischkist 1

Der kleine Kiosk ist Rückzugsgebiet der einheimischen Biertrinker. Die Preise sind extrem niedrig: der halbe Liter Bier für weniger als zwei Euro. Kleiner Imbiss, die Karte bietet neben guten rustikalen Fischgerichten auch schnelle Gerichte wie Currywurst oder Pferdefleischbulette. Die Betreiberin, Annemarie Gau, hat für alle Gäste ein freundliches Wort. Auch Vermietung einer Ferienwohnung.

Süderende 61 | Tel. (03 83 00) 2 65 | www. ferienwohnung-fischkist.de/ferienwohnung | Mo–Sa ab 14/16, Mi ab 17 Uhr | €

Godewind

▸ siehe Übernachten

Buhne XI 2

Direkt hinterm Strand liegt das Restaurant, in dem man sich im Sommer zum kleinen Snack in der Badepause trifft. Auf der Terrasse sitzt man windgeschützt im Freien. Sehr gute, deftige Fischgerichte. Andernorts auf

Hiddensee nicht unbedingt selbstverständlich – hier bekommt man ihn: freundlichen Service. Auch Ferienhausvermietung.
Norderende 104a | Tel. (03 83 00) 2 99 | www.hiddensee-buhne11.de | €–€€

Fischbistro Achtern Diek 3
Direkt am Hafen von Vitte gelegen, mit perfektem Blick auf Schiffe und Touristen. Bei Sonne sitzt man draußen und lässt sich Fischbrötchen und kaltes Bier schmecken.
Achtern Diek 20 | Tel. (03 83 00) 6 07 47 | €

Hiddensee Klause 4
Das knallrote Haus sieht ein bisschen aus, als sollte es eigentlich in Holland an einer Gracht stehen. Gemütlich ist es auf jeden Fall – die aus Sturmlampen bestehenden Tischbeleuchtungen vergisst man jedenfalls nicht so schnell. Die Küche ist fischlastig, die Heringsplatte empfehlenswert.
Wallweg 2/4 | Tel. (03 83 00) 5 04 00 | €€

Inselreif 5
Das Restaurant wirbt besonders mit dem Logo „regionale Esskultur“ – unterscheidet sich dadurch aber kaum von der Konkurrenz, denn hier wie dort steht Ostseefisch auf der Karte. Unter dem Sonnenvordach sitzt man im Sommer draußen und schaut dem Treiben auf der Straße zu.
Süderende 9 | Tel. (03 83 00) 2 63 | www.hiddensee-inselreif.de | €€

Café zur alten Bäckerei 6
Krimskrams und Gebäck, so kann man das Café in der alten Bäckerei kurz beschreiben. Die Preise passen mitunter nicht mit dem Gebotenen zusammen, das Ambiente stimmt aber auf jeden Fall. Im Sommer kann man draußen im kleinen Garten sitzen.
Norderende 164

Café Seepferdchen 7
Das *Seepferdchen* sieht aus als wäre jemand auf die Idee gekommen, in seinem Garten ein Café aufzumachen. Man sitzt im Grünen, in unmittelbarer Strandnähe, aber trotzdem ruhig und windgeschützt. Selbstgebackener Kuchen, aber auch eine kleine Auswahl regionaler Gerichte.
Süderende 84 | Tel. (03 83 00) 2 66 | Tgl. 11.30–17 Uhr

Kunst & Kunsthandwerk

Bernsteinwerkstatt
Bernstein ist das Gold der Ostsee. In dem Lädchen kann man Schmuck kaufen, aber auch lernen, wie man selbst gefundenen Bernstein schleift.
Norderende 142 | Tel. (03 83 00) 6 07 30 | Mo–Sa 10–13 und 14.30–18 Uhr

Atelier Hiddensee
Momentan liegt die Galerie der Künstlerin Ulrike Northing im zweiten Stock des Rathauses. Ob der Mietvertrag mit ihr verlängert wird, steht aber noch nicht fest.
Norderende 162 | Tel. (01 77) 6 66 08 89 | www.ulrike-northing.de

Einkaufen

Inselbuchhandlung Koralle
Kleine, aber extrem gut sortierte Buchhandlung, reiche Auswahl an Belletristik und Sachliteratur zu Hiddensee, aber auch Strandliteratur jeder Couleur. Betrieben wird der Laden von Renate Seydel – inzwischen eine Insellegende – die selbst Schriftstellerin ist.
Norderende 202 | Tel. (03 83 00) 2 18 | Tgl. 10–18 Uhr

EDEKA
Der einzige Supermarkt auf der Insel.
Wallweg 1 | in der Hochsaison geöffnet Mo–Fr 8–19, Sa 8–18, So 11–18, sonst Mo–Sa 8–18 Uhr

Aktivitäten

Wassersportcenter Hiddensee
Für alle, die raus aufs Wasser wollen. Surf- und Segelkurse, Schnupperkurse im Stand-Up-Paddling und auch Vermietung von Surfboards und Segelbooten.
Norderende 163 | Tel. (03 83 00) 6 05 26 |
www.surfundsegelhiddensee.de

Surf- und Segel Hiddensee
Kay Petersen | In den Dünen 68 |
Tel. (01 70) 4 69 82 11

Fahrradverleih Kula
Süderende 6 | Tel. (03 83 00) 4 72

Fuhrmannshof & Fahrradverleih Hiddensee
Süderende 4 | Tel. (03 83 00) 6 80 15 |
www.pferdundfahrrad.de

Kultur

via Tipp **Zeltkino**
Seit 1963, seit 1964 am heutigen Standort, werden im *Zeltkino* regelmäßig Filme gezeigt.
Achtern Diek 21 |
www.zeltkino-hiddensee-aktuell.com |
In der Saison mind. 2 Filme täglich

Seebühne Hiddensee
Auf der *Seebühne Hiddensee* sind Marionetten die Hauptdarsteller – aber es treten auch „richtige“ Menschen auf.
Wallweg 2 |
www.theater.hiddenseebuehne.de

Spaziergang durch die Hiddenseer DDR-Geschichte
Die Autorin und Gästeführerin Marion Magas, die seit Kindertagen auf Hiddensee lebt, bietet verschiedene Themenführungen über die Insel an.
www.hiddenseekultur.de/fuehrungen |
Mai–Okt. immer 10.30–13 Uhr |
Treffpunkt: Vitte, vor dem Fahrrad-Verleih Löwe (Süderende 1) | 8 €

Gegen die oft kräftige Brise an der Ostsee helfen Windfang & Co.

Fährinsel & Heiderose

Ungefähr auf halbem Wege zwischen Vitte und Neuendorf liegt an der Boddenseite die Fährinsel. Nur ein knapp 200 Meter breiter Wasserarm trennt sie von Hiddensees Küste. Das 41 Hektar große Eiland steht unter Naturschutz und darf nicht betreten werden, tausenden Seevögeln – darunter Sturmmöwen, Flussseeschwalben und Austernfischer – dient es als Brutplatz.

Allein der Name der inzwischen komplett renaturierten Insel erinnert an ihre Geschichte. Über Jahrhunderte lebten **Fährleute** auf diesem Landflecken im Bodden. Schon im 17. Jahrhundert, als Hiddensee zu Schweden gehörte, hatten sie mit ihren Ruder- und Segelbooten eine Verbindung zur Nachbarinsel Rügen sicherzustellen. Einheimische und ihre Fracht mussten die Fährleute unentgeltlich übersetzen. Lediglich Fremde durften sie zur Kasse bitten. Die Überfahrt war bisweilen ein beschwerliches Unterfangen. Etwa bei Niedrigwasser. Dann mussten Passagiere von Hiddensee kommend, erst einmal zur Fährinsel waten, um zu den Booten zu gelangen, mit denen es weiter gen Rügen ging. Frauen wurde gelegentlich ein besonderer Service zuteil. Der Fährmann nahm sie huckepack, vorausgesetzt sie waren ihm sympathisch und nicht zu schwer. Erst 1952 wurde der Ruder- und Segel-Fährbetrieb zwischen der Fährinsel und Rügen eingestellt.

Heiderose

Radelt oder wandert man auf der Asphaltstraße von Vitte Richtung Neuendorf, erreicht man auch die **Hotelanlage Heiderose** inmitten der herrlichen Hiddenseer Dünenheide. Im Haupthaus werden Zimmer und in

Die Fährinsel steht heute unter Naturschutz und darf nicht betreten werden

Ferienwohnungen der Hotelanlage Heiderose

den reetgedeckten Nebengebäuden Ferienwohnungen vermietet. Die ersten Gäste hat die *Heiderose* bereits 1905 empfangen. Als einer der Ersten hatte Bauer Paul Krüger die Chancen des aufkommenden Badetourismus erkannt und neben Wohnhaus und Stall einen Gasthof auf sein Grundstück gesetzt. Die Krügers brachten ihre *Heiderose* durch wechselvolle Zeiten. Der große Einschnitt kam 1953, als die Sowjets mehr Platz für ihre an der Ostsee stationierten Truppen anforderten. Unter dem Vorwand, gegen die Wirtschaftsgesetze der DDR verstoßen zu haben, wurden die Krügers verhaftet. Kurze Zeit darauf ließ man sie wieder frei, den Gasthof, der auch ihr Zuhause war, bekamen sie aber erst zwei Jahre später zurück, als die Soldaten abzogen. Gemäß der Maxime, aus Hiddensee eine „Ferieninsel der Werktätigen" zu machen, baute das Suhler Fahrzeug- und Gerätewerk *Simson*, ein Volkseigener Betrieb (VEB), 1958 in unmittelbarer Nachbarschaft zu dem historischen Gasthof ein Feriendorf für Werktätige. Um die Verpflegung der Feriengäste kümmerte sich die *Heiderose*. 1974 wurde sie dann von dem VEB „geschluckt". Ein klassisches Ausflugslokal ist der Traditionsgasthof erst nach der Wende wieder geworden. Heute kann man es sich hier wieder bei Steinofenbrot und hausgemachten Räucherfischspezialitäten im gemütlichen Restaurant oder unter alten Obstbäumen im einstigen Bauerngarten gut gehen lassen.

Hotelanlage Heiderose

Apartments für bis zu 6 Personen, Ferienwohnungen, Restaurant, Wellness- und Gesundheitsangebote. Doppelzimmer in der Hauptsaison ab 92 € pro Nacht inkl. Frühstück und Sauna (mind. 7 Nächte Aufenthalt).

In den Dünen 127 | Tel. (03 83 00) 6 30 | www.hiddensee-heiderose.de | €€

Kloster & der Inselnorden

Seine perfekte Lage am Fuß des Dornbusch macht Kloster zum vielleicht schönsten Ort der Insel. Auch Gerhart Hauptmann fühlte sich hier besonders wohl. Sein Wohnhaus ist heute ein Museum. Weiter die Hügel hinauf steht der Leuchtturm Dornbusch – Hiddensees Markenzeichen.

Kloster

Für die meisten Besucher ist Kloster der schönste Ort auf der Insel. Auf der einen Seite öffnet sich das 350-Einwohner-Dorf zum Bodden hin, auf der anderen rahmen es die waldigen Hügel des Hochlands ein und mit seiner ungepflasterten Straße versprüht es noch immer den Charme einer längst vergangenen Zeit.

Highlights

- ★ **G.-Hauptmann-Haus:** Erinnerungen an den Literaturnobelpreisträger
- ★ **Inselkirche:** Überrest des Klosters mit charakteristischem Tonnengewölbe
- ★ **Heimatmuseum:** Einführung in die Inselgeschichte

Mitten durch das Dorf mit seinen hübschen, teils reetgedeckten Häusern zieht sich der **Kirchweg**. An ihm liegen fast alle Sehenswürdigkeiten von Kloster, das **Gerhart-Hauptmann-Haus**, das **Heimatmuseum** und die **Kirche**. Auch einige Läden, Restaurants und Cafés, teils von lauschigen Gärten umgeben, säumen den Weg.

Klosters **Kirche**, die einzige auf Hiddensee, hat den Ort zum kulturellen Zentrum der Insel gemacht – schon lange bevor die ersten Sommerfrischler kamen. Später, als Dampfschiffe Badegäste brachten, wurde Kloster zum sommerlichen Treffpunkt von Malern, Schriftstellern, Theaterleuten und Wissenschaftlern.

In Klosters Pensionen und Hotels gaben sich Anfang des vergangenen Jahrhunderts und vor allem in den 1920er Jahren Deutschlands Intellektuelle die Klinke in die Hand. Zu den Berühmtheiten, die es sich hier in vornehmen Häusern einrichteten, gehörten neben vielen anderen der Maler Oskar Kruse und der Literaturnobelpreisträger Gerhart Hauptmann. Beide richteten sich stattliche Sommerresidenzen auf Hiddensee ein – aus ihren einstigen Domizilen sind Orte der Kultur und der Begegnung geworden, in beiden finden heute Lesungen, Konzerte und Vorträge statt. Mit „geistigem Futter" kann man sich unter anderem in der vortrefflichen Buchhandlung am Hauptmann-Haus eindecken. Fürs leibliche Wohl sorgen Cafés und Restaurants. Besonders stilvoll speist man im Restaurant des Traditionshauses *Hitthim* am Hafen, wo es sich auch schon die Promis der 1920er Jahre schmecken ließen.

Der beste Platz für ein Fischbrötchen und ein kühles Bier aber ist das Deck des Kutters, der im Hafen von Kloster vor sich hin schaukelt. Besonders glücklich kann sich schätzen, wer einen Platz auf der winzigen Aussichtsterrasse des Kutters ergattern und dort Sonnenstrahlen und den weiten Blick über den Bodden genießen kann.

Klosters Kloster

Das Kloster, dem der Ort seinen Namen verdankt, gibt es schon lange nicht mehr. Es wurde Ende des 13. Jahrhunderts errichtet – nachdem Wizlaw II., der Fürst von Rügen, die Insel Hiddensee den Zisterziensern des Klosters Neuenkamp, das heute auf dem Gebiet des kleinen Ortes Franz-

◂ *Traditionshaus in Kloster: Hotel Hitthim*

In der Hochsaison kann es schon mal trubelig und voll werden auf dem Kirchweg

burg in Mecklenburg-Vorpommern liegt, zum Geschenk gemacht hatte. Die Zisterzienser taten, was der Fürst erwartet hatte – sie gründeten eine Niederlassung auf dem kleinen Ostsee-Eiland. Im Zuge der Reformation wurde das Kloster anno 1536 aufgelöst, die Zisterzienser verließen die Insel und ihre Abtei verfiel.

Ein neues, spannendes Kapitel in der Ortsgeschichte brach Ende des 19. Jahrhunderts an. 1887 lief erstmals ein Dampfschiff mit Badegästen den Hafen von Kloster an, ab 1892 brachte dann der Dampfer *Caprivi* regelmäßig Ausflügler von Stralsund nach Hiddensee. Es waren keine Massen, die da kamen, aber die Schar der Urlauber wuchs und für die Inselbewohner taten sich ganz neue Verdienstquellen auf. Sie vermieteten Fremdenzimmer unterm eigenen Dach, auch Pensionen und Hotels wurden gebaut. 1910 öffnete auf dem Grundstück des einstigen Zisterzienserklosters das vornehme **Hotel Hitthim** seine Türen.

In den Jahren vor und nach dem Ersten Weltkrieg müssen sich die Gästebücher des *Hitthim* und der anderen Hotels und Pensionen in Kloster wie ein Auszug aus „Who is Who" in Deutschland gelesen haben. Mehr als 50 hochkarätige Wissenschaftler und über 200 Maler, Bildhauer und Architekten schrieben sich in der Epoche, als Deutschland noch Kaiserreich war und später, in den Jahren der Weimarer Republik, im schönsten Ort der kleinen Insel als Feriengäste ein. Auch die Zahl der Schriftsteller, Schauspieler und Komponisten, die sich in jenen Sommern ein Stelldichein in Kloster gaben, geht in die Hunderte, fand der Hiddenseer Heimatforscher Kurt Dittmann heraus. Weil ein Großteil der damaligen künstlerischen und intellektuellen Elite jüdisch war oder von den Nazis aus anderen Gründen verfemt und verfolgt wurde, dünnte sich die prominente Gästeschar nach 1933 deutlich aus.

Zu den einstigen Hiddenseefans, die nach Hitlers Machtergreifung nicht mehr kamen, gehörten der Physiker und Nobelpreisträger Albert Einstein und Thomas Mann. Beide kehrten Deutschland den Rücken und flüchteten in die USA. Gerhart Hauptmann dagegen war auch zu Zeiten der NS-Diktatur ein unangefochtener Künstler in Deutschland. Er kam auch nach 1933 jeden Sommer nach Hiddensee, der Kriegssommer 1943 war der letzte, den er auf seiner geliebten Insel verbrachte. Er starb 1946 in seiner schlesischen Heimat, sein Leichnam wurde nach Hiddensee überführt. Auf dem Friedhof von Kloster hat der berühmte Schriftsteller seine letzte, sehr idyllische Ruhestätte gefunden.

Sehenswertes

via Tipp **Inselkirche**

Die erste Kirche von Kloster, sie war Teil des namengebenden Klosters, wurde 1332 erbaut. Von diesem Gotteshaus ist allerdings nichts mehr erhalten. Das älteste Zeugnis, das man heute in der Kirche findet, ist links vom Altar eine Grabplatte von 1475, die in den Fußboden der Vorgängerkirche eingelassen war, heute aber an der Wand hängt.

Die alte Inselkirche wurde mehrfach zerstört und hat unter anderem im Laufe der Jahrhunderte ihren Turm „verloren“. Dazu gibt es verschiedene Theorien. Die einfachste und wahrscheinlichste ist, dass der

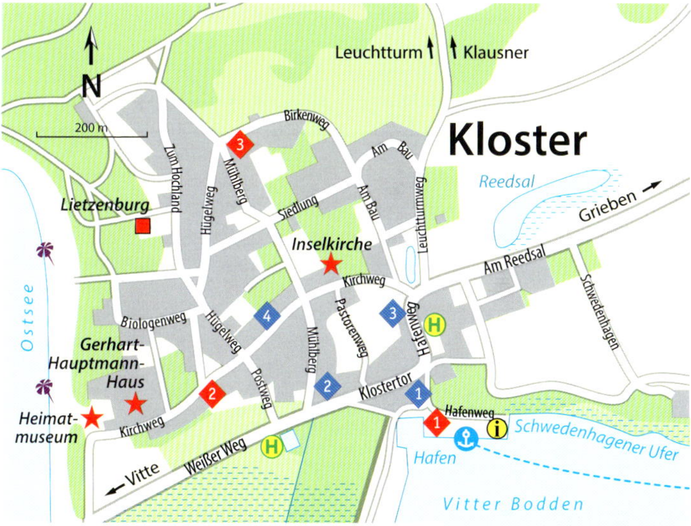

Übernachten

1. Hotel Hitthim
2. Appartement-Haus Dornbusch
3. Pension Pehl
4. Haus Hiddensee

Essen & Trinken

1. Hafenbar Achtern Storm
2. Wieseneck
3. Zum kleinen Inselblick

Turm einem Sturm zum Opfer fiel. Was man heute sehen kann, geht im Wesentlichen auf einen umfassenden Umbau 1781 zurück. Damals ersetzte man die flache Decke durch das für die Hiddenseer Kirche so charakteristische Tonnengewölbe – die Bemalung mit Rosen auf blauem Grund kam aber erst 1922 dazu, als sich der Maler und Heimatdichter Max Nikolaus Niemeier, der auf Hiddensee ein Sommerhaus hatte, anbot, die Decke kostenlos auszuschmücken.

Das Taufbecken stammt aus dem Jahre 1750 und wurde nebenan auf der Insel Rügen gefertigt, noch heute werden die Kinder auf Hiddensee der Tradition folgend mit Ostseewasser getauft. Der Engel über dem Taufbecken stammt ebenfalls aus der Zeit um 1750, seine Herkunft ist jedoch unbekannt.

Die Kirche von Kloster war deutschlandweit die erste, die nach dem Zweiten Weltkrieg eine neue Orgel bekam – andernorts hatte man dafür kein Geld. Nun war es nicht so, dass die Hiddenseer den Krieg als reiche Leute überstanden hätten, der Grund, warum die Orgel 1946 in die Kirche kam, war einfach. Während des Krieges gab es einfach keine Möglichkeit, das bereits vor dem Krieg in Auftrag gegebene und 1942 fertiggestellte Instrument auf die Insel zu befördern.

Auf dem Inselfriedhof hinter der Kirche liegen neben Gerhart Hauptmann und seiner Frau Margarete noch weitere Berühmtheiten begraben, so der Regisseur Walter Felsenstein, der Maler Oskar Kruse und die Tänzerin Gret Palucca.

Kirchweg 42 | www.kirche-hiddensee.de | Im Sommer tgl. 7–21 Uhr, im Winter kürzere Öffnungszeiten bzw. nach Anmeldung beim Pfarramt (03 83 00) 3 28

★ Gerhart-Hauptmann-Haus

Hiddensee gilt als Insel der Künstler. Obwohl viele Berühmtheiten hier ihre Sommerwohnungen hatten, wird Hiddensee mit kaum jemand so in Verbindung gebracht wie mit dem Literaturnobelpreisträger Gerhart Hauptmann (▸ Seite 76). An ihn erinnert man heute im Gerhart-Hauptmann-Museum, das in seiner ehemaligen Sommervilla untergebracht ist.

Bereits seit 1885 war Hauptmann immer wieder nach Hiddensee gekommen, in der Villa in Kloster wohnte er ab 1925. Anfänglich als Mieter; 1930 kaufte er das Gebäude und ließ es um einen modernen Anbau erweitern. 1943 war Hauptmann das letzte Mal auf der Insel zu Gast. Als er damals nach der Sommerfrische abreiste, ahnte er nicht, dass er niemals lebend zurückkehren sollte.

Vielleicht auch deswegen ist das Haus weitgehend im Originalzustand erhalten und wirkt so, als habe es der Dichterfürst nur für einen kurzen Spaziergang verlassen.

Die Ausstellung betritt man heute durch ein 2013 eröffnetes Nebengebäude, in dem Wechselausstellungen zur Literatur auf Hiddensee stattfinden. Außerdem befindet sich in dem neuen gläsernen Kubus eine extrem gut sortierte Buchhandlung. Zudem haben Besucher die Möglichkeit, Hauptmanns Lieblingsweine zu kaufen.

Im Eingangsbereich der Villa wird der Gast mit Infos zum Leben des Schriftstellers versorgt. Hauptmann war ein begeisterter Kunstsammler, beachtenswert sind hier die beiden Kollwitzblätter, Werke der Malerin und Grafikerin Käthe Kollwitz, deren Arbeiten vom allgemeinen Kunstmarkt noch nicht hochgehandelt, von Hauptmann aber offenbar schon hochgeschätzt wurden.

Das Schlafzimmer von Gerhart Hauptmanns zweiter Frau Margarete

Oben im ersten Stock liegen die beiden getrennten Schlafzimmer von Gerhart Hauptmann und seiner zweiten Frau Margarete. Ein kleines Fenster verband die beiden Zimmer, sodass sich das Paar vor dem Einschlafen noch unterhalten konnte. Getrennte Schlafzimmer waren damals eher ein Zeichen von Wohlstand, wer es sich leisten konnte, schlief getrennt.

Zurück im Erdgeschoss erreicht man durch ein kleines Durchgangszimmer den Kreuzgang, der die Verbindung zwischen dem alten Haus und dem Anbau darstellt. Hier ging Hauptmann jeden Nachmittag auf und ab und diktierte seiner Sekretärin. Am Ende des Ganges links liegt das große Arbeitszimmer, rechts ein kleiner Salon. Hier saß Hauptmann Abend für Abend mit seiner Frau und zwei oder drei ausgesuchten Gästen zusammen, um bei dem einen oder anderen Glas Wein zu plauschen. Zu einem solchen Abend eingeladen zu werden, war eine Ehre, die niemand abgelehnt hätte. Zumal der Weinkeller des Nobelpreisträgers, in den man praktischerweise direkt vom Gästesalon hinuntersteigen kann, auf der Insel einen ebenso guten Ruf hatte wie Hauptmanns Dichtkunst. Sogar die Jahreszeiten auf Hiddensee bemaß man nach dessen Bestand. Man sagte: „Der Sommer beginnt, wenn bei Hauptmanns der Wein angeliefert wird und er endet, wenn die letzte Flasche leergetrunken ist."

Im Arbeitszimmer mit der 11000 Bände umfassenden Bibliothek kann man die Nobelpreisplakette bestaunen, die Hauptmann 1912 verliehen bekommen hatte. Hier steht auch der einzige Einrichtungsgegenstand, der nicht zur Originaleinrichtung gehört. **Weil in Hauptmanns Arbeitszimmer immer wieder mal kleine Konzerte gegeben werden, hat man hier einen Flügel aufgestellt.**

Kirchweg 13 | www.hauptmannhaus.de | Jan–Mitte März Di–Sa 11–15 Uhr, Mitte März–April Di–Sa 11–16 Uhr, Mai–Okt. Mo–Sa 10–17, So 13–17 Uhr

★ Heimatmuseum

In der ehemaligen Seenotrettungsstation vom Ende des 19. Jahrhunderts ist heute das Heimatmuseum untergebracht. Da ist es nur passend, dass sich die Ausstellung im Untergeschoss unter anderem mit Seenotrettung beschäftigt. Daneben geht es um die Themen Hochwasserschutz und Bernstein. Außerdem werden die größten Schiffskatastrophen, die sich vor der Küste der Insel zugetragen haben, nacherzählt. Bevor man sich der Ausstellung im ersten Stock widmet, sollte man erst einmal einen Blick aus dem Fenster mit toller Strandaussicht werfen. Das wichtigste Ausstellungsstück des Hauses ist die Nachbildung des Hiddenseer Goldschmucks (Original im Kulturhistorischen Museum in Stralsund ▸ Seite 98), der 1872 nach einer Sturmflut am Strand von Neuendorf gefunden wurde. Weitere Themen, die abgehandelt werden, sind „Hiddensee von der Fischerinsel zum Badeort" und „Hiddensee als Künstlerinsel". Der kurze Abriss der Inselgeschichte geht unter anderem vertiefend auf die Fischerei und das Schulwesen ein.

Kirchweg 1 | Tel. (03 83 00) 3 63 | www.heimatmuseum-hiddensee.de | Nov.–März Do–Sa 11–15, Apr. tgl. 10–15, Mai–Okt. tgl. 10–16 Uhr

Lietzenburg

Hoch über Kloster steht die Lietzenburg. Eine richtige Burg ist das Gebäude trotz des Namens nicht, sondern eine pompöse Jugendstilvilla aus dem Jahre 1904. Erbaut wurde sie im Auftrag des Malers und früheren Holzhändlers Oskar Kruse. Als Geschäftsmann hatte er so viel Geld verdient, dass er sich in seinen späteren Jahren nicht nur ausschließlich der Kunst widmen, sondern auch eine Luxusvilla auf Hiddensee bauen lassen konnte. Das riesige Haus hatte sogar einen eigenen Aussichtturm, damit Kruse den Inselblick genießen konnte. Den Namen Lietzenburg erhielt die Villa nach Kruses Berliner Wohnadresse, dort lebte er nämlich in der Lietzenburger Straße.

Kruse machte die Lietzenburg von Anfang an zu einem Treffpunkt für Künstler. Nach Oskar Kruses Tod erbte dessen Bruder Max – Maler und Ehemann der berühmten Puppenmacherin Käthe Kruse – die Villa und führte die Tradition der Künstlertreffen fort.

Kruses Sohn – auch er hieß Max – verlebte viele Sommer auf Hiddensee. Jener Max Kruse schuf später als Kinderbuchautor *Urmel aus dem Eis*. Für die in der Geschichte vorkommende Insel Titiwu diente Hiddensee als Vorbild.

Nach dem Zweiten Weltkrieg wurde die Lietzenburg zum Ferienheim für die Universität Greifswald, nach Ende der DDR wurde sie an Max Kruse rückübertragen, der sie verkaufte. Heute finden in der Lietzenburg regelmäßig Veranstaltungen statt und es wurden Ferienwohnungen eingerichtet.

Zum Hochland | www.lietzenburg.de | 6 Ferienwohnungen für bis zu 6 Personen von 60 bis 240 € (je nach Größe und Saison)

Übernachten

Hotel Hitthim 1

Das Hitthim ist das älteste Hotel in Kloster, 1910 wurde es eröffnet und war bis zur Machtergreifung der Nationalsozialisten 1933 ein beliebter Urlaubsort für Künstler und andere Intellektuelle. Besonders schön sind die Zimmer mit Hafenblick. Auch Vermietung von Ferienwohnungen.

Hafenweg 8 | Tel. (03 83 00) 66 60 | www.hitthim.de | €€–€€€

So schmeckt's am besten: frischen Fisch mit Blick auf den Hafen genießen

Appartement-Haus Dornbusch 2

Das ehemalige Hotel wurde umgebaut und ist heute ein Apartment-Haus mit 28 Wohnungen zwischen 20 und 57 m². Preisbeispiel: Apartments für 2 Pers. 70–130 €.

Weißer Weg 2–3 | Tel. (03 83 00) 6 04 00 | www.hiddensee-dornbusch.de | €€–€€€

Pension Pehl 3

Kleine, einfache Pension mit 3 Ferienzimmern. Auch Fahrradverleih.

Hafenweg 4 | Tel. (03 83 00) 4 37 | www.hiddensee-pension.de | €

Haus Hiddensee 4

Pension und Ferienhausvermietung, 37–55 €/Pers. im adrett und zweckmäßig eingerichteten Doppelzimmer, hauseigenes Restaurant, Fahrradverleih.

Kirchweg 31 | Tel. (03 83 00) 3 35 | www.haus-hiddensee.de | €

Essen & Trinken

Hafenbar Achtern Strom 1

Wie der Name nahelegt, liegt die Hafenbar unten am Wasser, bei warmen Temperaturen isst man draußen mit perfektem Blick auf den Jachthafen. Gutbürgerliche, preisgünstige Küche.

Hafenweg 11 | Tel. (03 83 00) 3 18 | €

Inselstube

Das Restaurant des *Appartement-Haus Dornbusch* ist vor allem wegen seiner Fischsuppe bekannt. Die Einrichtung wirkt etwas nüchtern.

Weißer Weg 2–3 | Tel. (03 83 00) 6 04 00 | €€

Hitthim

Das Restaurant des *Hitthim* strahlt rustikalen Charme aus. Die Karte bietet Gutbürgerliches. Noch besser schmeckt es, wenn man im Sommer auf der Freiterrasse mit Boddenblick sitzen kann.

Hafenweg 8 | Tel. (03 83 00) 66 60 | €€–€€€

Wieseneck 2

Dem Hauptmann-Museum gegenüber liegt das *Wieseneck*. Für den kleinen Hunger bieten sich die herzhafte Hiddenseer Kutschersuppe mit Hackfleisch und Champignons oder die Fischsuppe an. Im Sommer sitzt man hinter dem Haus im schönen Biergarten. Auch Übernachtungsmöglichkeiten.

Kirchweg 18 | Tel. (03 83 00) 3 16 | www.wieseneck-hiddensee.de | €€

via Tipp Zum kleinen Inselblick oder auch „bei Franz Freitag" 3

Auf dem Weg zum „kleinen Inselblick" liegt das gleichnamige Restaurant, das bei den Einheimischen eher als „bei Franz Freitag" bekannt ist. In dem urgemütlichen Gasthaus mit viel Krimskrams (den man, so man will, auch kaufen kann) steht Fisch im Zentrum der Karte. Ausgezeichnet ist der Zander mit Spinat, überzeugend der Brathering. In der Hochsaison bekommt man ohne Voranmeldung nur selten einen Tisch.

Birkenweg 2 | Tel. (03 83 00) 6 80 01 | Ende März–Ende Okt. Mi–Mo 12–23.30 Uhr (Küche bis 21.30) | €€

Galerien

Galerie Dwarslöper

Die Galerie stellt im Wechsel die Werke Hiddenseer Künstler und Kunsthandwerker aus. Malerei, Textilkunst oder Töpferwaren – hier findet man originale und originelle Souvenirs.

Kirchweg 26 | Tgl. 11–17 Uhr

Atelier am Kirchweg

Aquarelle von Hermann Sack Havenstein.

Kirchweg 30 | Tel. (01 72) 3 02 84 13 und (03 83 00) 6 06 23 | Sa/So ab 11 Uhr

Galerie am Torbogen

Im Küsterhaus der Kirche finden Kunst- und Töpferkurse statt. Mitunter stellen auch lokale Künstler aus.

Am Torbogen 2 | www.kirche-hiddensee.de/kuesterhaus.htm

Galerie am Hügel

Im Sommer veranstaltet die Künstlerin Ute Laux auch Kurse für Kinder.

Hügelweg 8 | Tel. (01 70) 8 44 59 74

Hedins Oe

Galerie und Café. Auch Vermietung von Ferienwohnungen.

Hügelweg 22 | www.hedinsoe.de | Tgl. 12–20 Uhr

Atelier Schwalbennest

Galerie des über 90-jährigen Landschaftsmalers Willi Berger.

Zum Hochland 6 | Tel. (03 83 00) 3 82 | Öffnungszeiten nach Lust und Laune

Führungen

Die Autorin und Gästeführerin **Marion Magas**, die seit Kindertagen auf Hiddensee lebt, bietet verschiedene Themenführungen über die Insel an. Zum Beispiel: Unterwegs durch die nördliche Insellandschaft auf den Spuren der „Malweiber" des *Hiddenseer Künstlerinnenbundes*.

www.hiddenseekultur.de/fuehrungen | Apr.–Okt. jeden 2. Di | Treffpunkt: Vor dem Heimatmuseum in Kloster | 8 €

Einkaufen

Inselmarkt Bach

Gut sortierter Minisupermarkt für den kleinen Lebensmittelkauf.

Kirchweg 33 | Mo–Fr 8–17, Sa 8–13 Uhr

Bäcker Kasten

Inselweit für seine Brötchen bekannt.

Kirchweg 27 | Mo–Fr 7–17, Sa 7–11.30, So 7–10 Uhr (die guten Sachen sind meist schnell ausverkauft)

SPAR-Markt Sturm

Kleiner Supermarkt am Ortsrand, auch Souvenirverkauf.

Hafenweg 6 | Mo–Fr 8–19, Sa 8–18, So 12–18 Uhr, in der Vorsaison tgl. nur bis 17 Uhr

Kunsthandwerk

Bernsteinwerkstatt

In der Bernsteinwerkstatt gegenüber Haus Hiddensee kann man Schmuck kaufen, aber auch die eigenen Funde zum Schleifen und Polieren bringen.

Mühlberg 17 | Tel. (03 83 00) 6 04 94 | www.bernstein-werkstatt-hiddensee.de | Tgl. 10–17 Uhr

Nautic Geschenkartikel

Hier kann man Ringe mit Hiddensee-Motiven kaufen, die bei Hochzeitspaaren besonders beliebt sind.

Kirchweg 24 | Tel. (03 83 00) 6 05 71

Buchhandlungen

Buchhandlung des Gerhart-Hauptmann-Hauses

Hier kann man seinen Lesehunger stillen. Schwerpunkt des Angebotenen liegt auf Inselliteratur bzw. auf Werken von auf der Insel lebenden Künstlern.

Kirchweg 13

Inselbuchhandlung Andreas Arendt

Ähnliches Angebot wie im Gerhart-Hauptmann-Haus, aber zusätzlich Schmöker für den Strand, Postkarten und kleine Souvenirs.

Kirchweg 19

Wellness

Inselmassage Hiddensee

Ob Rücken-, Aromaöl- oder Hot Stone Massage, wer seinen Hiddenseeurlaub zum Wellnessaufenthalt machen will, kann sich im Zentrum von Kloster, gleich neben dem Hauptmann-Haus, verwöhnen lassen. Preisbeispiel: eine halbstündige Rückenmassage kostet 28 €.

Zum Hochland 1 | Tel. (01 51) 51 40 12 63 | www.inselmassage-hiddensee.de

Salon Die Bö

Hat der Sturm die Frisur zerzaust? Dann zu *Die Bö*. Inhaberin Andra Czasch macht die Haare wieder schön.

Kirchweg 24 | Tel. (03 83 00) 4 70

Im Hafen von Kloster liegen zahlreiche Ausflugs-, Fischer- und Segelboote

Der Dichterfürst und seine Insel

Am 5. Mai 1885 heirateten Gerhart Hauptmann und Marie Thienemann. Seine Hochzeitsreise machte das Paar nach Rügen und besuchte bei dieser Gelegenheit auch Hiddensee. Hier verliebte sich Hauptmann ein zweites Mal – nicht in eine andere Frau, sondern in die kleine Ostseeinsel.

Während sich die Liebe zu Marie in vielen Krisen und jahrelangem Streit auflöste – das Paar trennte sich 1894 und ließ sich zehn Jahre später scheiden – hielt Hauptmanns Liebe zu Hiddensee bis zu seinem Tod im Jahre 1946. Bald wurde Hiddensee zum regelmäßigen Ziel seiner Sommerurlaube. Vollmundig schwärmte er von der Insel, hatte aber gleichzeitig Sorge, dass zu viele andere von deren Vorzügen erfahren könnten: „Hiddensee ist eins der lieblichsten Eilande, nur stille, stille, daß es nicht etwa ein Weltbad werde!"

Trotz seiner Begeisterung dauerte es lange, bis er sich ein permanentes Domizil auf Hiddensee kaufte. Seit 1926 war er regelmäßiger Sommergast im *Haus Seedorn* in Kloster. 1929 schrieb ihm der örtliche Pastor: „Sie wissen ja, dass ich selbst es mit größter Freude begrüßen würde, wenn Sie auch äußerlich Bürger Hiddensees würden, mit dem Sie ohnehin tausend Fäden verbinden". Vielleicht war dieser Brief ja für Hauptmann der letzte Anstoß, 1930 *Haus Seedorn* zu kaufen und es für seine Zwecke ausbauen zu lassen.

Obwohl Hauptmann die Insel liebte, ein richtig enges Verhältnis zu seinen Bewohnern entstand in all den Jahren nie. Der Dichterfürst lud zwar oft illustre Zeitgenossen in sein Haus, hatte aber kaum Kontakt zu den Hiddenseer Fischern. Arrogant soll er gewesen sein und wenig leutselig. Zumindest dem ersten Vorwurf widerspricht Franziska Ploetz, die Leiterin des Hauptmann-Hauses in Kloster. Sie sagt, dass das Verhältnis zu den Inselbewohnern keineswegs feindselig gewesen sei, man habe schlichtweg in verschiedenen Welten gelebt. „Es gab wenig Interaktion zwischen Einheimischen und Gästen", so Ploetz. Und das mag nicht nur an Hauptmann gelegen haben. Kontaktfreudigkeit ist bis heute nicht gerade die auffälligste Charaktereigenschaft der Hiddenseer.

Außerdem war Hauptmann nicht nur zur Erholung auf der Insel. Er hatte einen streng durchgetakteten Tag, machte sich während seiner Spaziergänge ständig Notizen und diktierte seine Ideen allnachmittäglich seiner Sekretärin in den Block.

Bis 1943 verbrachte Hauptmann zusammen mit seiner zweiten Frau Margarete regelmäßig die Sommermonate auf Hiddensee. Und nach seinem Tod fand er auf seinen ausdrücklichen Wunsch hin auf der geliebten kleinen Insel seine letzte Ruhestätte. „So möchte ich auf diesem schlichten Friedhof von Hiddensee meinen ewigen Schlaf schlafen", hatte Hauptmann geschrieben. Und so wurde der Leichnam des Schriftstellers und Nobelpreisträgers nach dessen Tod am 6. Juni 1946 im schlesischen Agnetendorf mit einem Sonderzug und dann mit dem Schiff nach Hiddensee überführt. Unter großer Anteilnahme, auch der einheimischen Bevölkerung, wurde Gerhart Hauptmann am 28. Juli 1946 bei Sonnenaufgang auf dem Inselfriedhof von Kloster beigesetzt.

Das Gerhart-Hauptmann-Haus ist heute ein Museum (▸ *Seite 70*)

Grieben

Im Nordosten der Insel liegt Grieben, Hiddensees kleinstes und ältestes Dorf. Sehenswürdigkeiten im eigentlichen Sinne hat der Ort nicht zu bieten, dafür Ruhe pur.

Eigentlich besteht Grieben nur aus einer einzigen Straße. Der Pfarrer und Dichter Ludwig Gotthard Kosegarten schrieb schon 1805 von „sparsam zerstreuten Hütten". Viel geändert hat sich daran bis heute nichts. Auch einen Hafen hat der Ort nicht. Wer vom Festland kommt und nach Grieben will, steigt am besten in Kloster aus, geht den Hafenweg hoch und biegt an dessen nördlichem Ende links ab und folgt der Straße einen knappen Kilometer – dann ist der winzige Ort mit den weißen, teils reetgedeckten Häusern erreicht.

Für Wanderer und Radler lohnt ein Abstecher allemal – auch weil man hier auf fangfrischen Fisch und ein kühles Bier ins urige *Alte Gasthaus zum Enddorn* einkehren kann.

Bauern- und Fischerdorf

Erstmals taucht der kleine Ort 1297 in den Urkunden auf, ein Jahr nachdem Wizlaw II., der Fürst von Rügen, dem Kloster Neuenkamp die Insel Hiddensee geschenkt hatte. Mit dieser Aktion machte sich Wizlaw aller-

Ein bisschen verschlafen, aber unendlich idyllisch: Grieben

Friedliches Miteinander auf dem Dornbusch: Pferde und Wildgänse

dings nicht nur Freunde. Der ehemalige Vogt von Hiddensee pochte auf seine älteren Rechte an den Wiesen und Äckern. Schließlich zahlte man ihm eine Abfindung in Höhe von „40 Mark slawischer Pfennige".

Die Bauern von Grieben, die das Land fortan im Auftrag des Klosters bestellten, bearbeiteten die fruchtbarsten Ackerböden der Insel und auch für Fischer war der Standort zur damaligen Zeit noch günstig: Mit ihren Booten konnten sie noch ungehindert über den Bodden fahren. Die beiden Landzungen, die heute die Griebener Bucht vom Bodden abriegeln, gab es noch nicht (siehe Bessin ▸ Seite 80).

Als der Inseltourismus in den Kinderschuhen steckte, ging auch in Grieben eine Gastwirtschaft an den Start. Alexander Ettenburg, ein Theaterkünstler, der seine Karriere an den Nagel gehängt hatte und ein Aussteigerleben an der Ostsee führte, kaufte um 1900 eine Fischerkate in Grieben und gestaltete sie in ein schlichtes Gasthaus um, das er *Schwedische Bauernschenke* nannte. Werbung für die Insel machte der Theatermann 1905 mit seinem Buch „Dat söte Länneken. Das Ostseebad der Zukunft", dem ersten Hiddensee-Reiseführer überhaupt. Immerhin 1 000 Exemplare wurden damals unter die Leute gebracht. Ettenburg hatte das Gasthaus längst verkauft und war völlig verarmt in Stralsund gestorben, als 1920 auf dem Grundstück der Bauernschenke das *Logier-Haus Hiddensee* errichtet wurde. Auch später, zu DDR-Zeiten, konnte man hier mit etwas Glück abseits der üblichen Vergabe-Praxis ein Ferienzimmer ergattern. Nach Wende und Wiedervereinigung wurde aus dem Logierhaus ein Restaurant, das sich seither **Altes Gasthaus zum Enddorn** (▸ Seite 81) nennt.

Der Bessin ist ein vorgelagerter Sandhaken in der Griebener Bucht

Sehenswertes

Enddorn

Folgt man der Dorfstraße weiter in nördlicher Richtung, kommt man zum Enddorn, der nordöstlichen Spitze der Insel. Sie markiert die Stelle, an der Bodden und Ostsee aufeinandertreffen.

Bessin

Zwei sogenannte Sandhaken sind der Griebener Bucht vorgelagert. Der ältere von beiden ist etwa ab dem Jahr 1500 entstanden – durch Sand, den die Strömung auf der Nordwestseite Hiddensees abgetragen und den das Meer hier, in dem strömungsarmen Gewässer vor Grieben, wieder angelagert hat. Rund 400 Jahre wuchs der **Altbessin** stetig, bis er um 1900 mit rund drei Kilometern schon fast seine heutige Ausdehnung erreicht hatte. In den folgenden Jahrzehnten legte er nur noch etwa einen Meter pro Jahr zu, um 1960 kam das Wachstum völlig zum Stillstand. „Schuld" war der zweite Sandhaken, der sich ab 1890 peu à peu vor den ersten legte. Der Neubessin wächst noch immer, um bis zu 60 Meter pro Jahr. Bis Mitte des 21. Jahrhunderts wird sich sogar ein dritter Bessin gebildet haben – sein Entstehungsprozess hat vor einigen Jahren begonnen.

Der **Neubessin** ist Teil der Schutzzone 1 des *Nationalparks Vorpommersche Boddenlandschaft*, hier brüten seltene Wasservögel völlig ungestört, Menschen haben keinen Zutritt, einzig der Vogelwart darf dieses Paradies betreten. Auf dem Altbessin, den Sanddornsträucher und Windflüchter bedecken, ist wandern erlaubt – radeln jedoch verboten. An der *Bessinischen Schar,* einer Ausbuchtung des Bessins, gibt ein Aussichtsturm Gelegenheit, Seeadler, Seeschwalben und Vertreter anderer bedrohter Vogelarten auf dem Neubessin ins Visier zu nehmen.

Übernachten

Hotel Enddorn

Ruhiger kann man auf der Insel kaum wohnen: Von den meisten der 22 Gästezimmer – Kategorie solide Mittelklasse, alle mit Dusche, WC, TV und Stereoanlage – schaut man auf den Bodden oder aufs Hochland am Dornbusch. Zimmer im Erdgeschoss mit Terrasse.

Dorfstr. 6 | Tel. (03 83 00) 6 66 18 | www.enddorn.de | €€

Essen & Trinken

Altes Gasthaus zum Enddorn

Der Chef, der meist im blau gestreiften Fischerhemd über die Kundschaft wacht, ist ein echter Vorpommer, was auch seine nicht gerade übertriebene Freundlichkeit erklärt. Trotzdem: Jeder, der seinen strengen Blick ertragen oder ignorieren kann und den Schritt in die Gaststube wagt, bekommt hier ausgezeichnete Fischgerichte geboten. Die deftige Fischsuppe sucht ihresgleichen und ist auf der ganzen Insel bekannt. Neugierige Gäste bestellen am besten den „flotten Dreier", denn dann landen Dorsch, Scholle und Zander gemeinsam auf dem Teller. Auch der Zander, der unter dem Namen „Poseidons Fang" zusammen mit einem großen Schlag Bratkartoffeln kredenzt wird, erfreut Anhänger deftiger Küche. Den Gaumen ölt man am besten mit einem kühlen Bier – davon gibt es eine große Auswahl, auch exotischer Sorten. Die skurrile Einrichtung mit Schiffsmodellen, Fischernetzen und einer Bierkrugsammlung ist ein zusätzlicher Anreiz für den Restaurantbesuch. Das *Alte Gasthaus zum Enddorn* ist eines der großen Traditionslokale auf Hiddensee und darf deswegen den eher herben Service unter dem Stichwort „urig" verbuchen.

Dorfstr. 8 | Tel. (03 83 00) 6 08 33 | Tgl. ab 12 bis ca. 21 Uhr | €€

Im urigen Alten Gasthaus zum Enddorn gibt's die legendäre Fischsuppe

Tipp Dornbusch

Das hügelige Hochland im Norden der Insel ist landschaftlich besonders reizvoll. Mit waldigen Höhen über der Steilküste, mit Wiesen und Weiden und von Ginster, Sanddorn und Brombeerbüschen gesäumten Wegen, ist der Dornbusch ein beliebtes Wandergebiet.

Wenn die Bewohner Hiddensees von ihren „Bergen" sprechen, können sich Urlauber ein Schmunzeln kaum verkneifen. Der höchste Punkt der Insel liegt ja gerade einmal 100 Meter über dem Meeresspiegel – und auch diese Zahl ergibt sich nur, wenn man die 28 Meter des Leuchtturms und die 72 Meter des Hügels, auf dessen Spitze er steht, addiert. Aber hier wird dem Auge bisweilen spektakulärer Weitblick geboten – auf der **Aussichtsplattform des Leuchtturms** und auf so manchem Panoramahügel liegt einem ganz Hiddensee zu Füßen.

Wer mit der Fähre von Stralsund kommt, sieht die waldigen Kuppen des Dornbuschs schon lange bevor die Fähre die Insel erreicht. Schulterberg, Hexenberg, Aschkoben, Lehmberg, Bakenberg und Schluckswiekberg – so werden die Hügel im Herzen des Hochlands genannt. Tan-

Hiddensees schönstes Fotomotiv: der Leuchtturm auf dem Dornbusch

102 Stufen sind es bis zur Aussichtsplattform auf dem Leuchtturm

nen-, Sand- und Swantiberg und einige andere Erhebungen ragen am Rande der steilen Kliffküste auf. In jeder Mittelgebirgsregion wäre natürlich auch der **Schluckswiek** ein Winzling. Hier aber ist er mit seinen 72,5 Metern der höchste Gipfel von allen.

Einst von Laubwald bedeckt

Hiddensees Hochland verdankt seine Entstehung der letzten Eiszeit. Als vor etwa 12000 Jahren die Gletscher schmolzen, lagerten sie das mitgeschobene Material ab: Sand, Kies und Kreide blieben aufgetürmt zurück. Noch im Mittelalter war der Dornbusch von dichtem Laubwald bedeckt. Im 17. Jahrhundert, als der Dreißigjährige Krieg wütete, ließ der dänische König Christian das Gebiet radikal abholzen. Die dicken Stämme eigneten sich bestens für den Bau von Schiffen und in kriegerischen Zeiten hatte die Flotte besonderen Bedarf. Das bisschen Wald, das die Dänen übrig gelassen hatten, wurde dann auf Befehl von General Wallenstein niedergebrannt – der Oberbefehlshaber der Kaiserlichen Armee wollte verhindern, dass sich Kriegsgegner Dänemark ein zweites Mal an den Hiddenseer Holzreserven vergriff.

Nach dem Dreißigjährigen Krieg blieb der Dornbusch lange Zeit baumloses Gras- und Weideland. Erst Ende des 18. Jahrhunderts startete man einen Aufforstungsversuch mit Kiefern, der jedoch nicht besonders erfolgreich war. Ab 1861 wurden dann Kiefern, Stieleichen, Hainbuchen und Hasel gepflanzt.

Längst ist der westliche Dornbusch wieder von Wald bedeckt, der die Küste vor Erosion schützt. Das Innere des Hochlands wird von Wiesen und Gebüsch geprägt. Golddistel, Schlehe, Sanddorn, Holunder und Rote Heckenkirsche gedeihen hier. Größeren Ausflügler-Scharen begegnet man meist nur auf dem Weg vom

Die Landschaft auf dem nördlichen Dornbusch ist hügeliger als in der Inselmitte

Hafen in Kloster zum Leuchtturm. Abseits dieser touristischen Hauptroute herrscht idyllische Ruhe. Bisweilen machen Vogelkundler das Gezwitscher von Klappergras- und Dorngrasmücke, Gelbspötter und anderen seltenen Vögeln aus, die auf Hiddensees Hochland ihr Refugium gefunden haben.

Auf dem Schluckswiekberg steht der **Leuchtturm Dornbusch**, das Wahrzeichen der Insel. In Betrieb genommen wurde er 1888. Doch schon 1927, als die Insel ans Stromnetz angeschlossen wurde, hat man umgebaut und modernisiert. Seither trägt der alte Ziegelbau seinen weißen Mantel aus Stahlbeton und in der Leuchtturmspitze hielt die Elektrizität Einzug. Heute dient eine 400-Watt-Halogendampflampe als Lichtquelle. Ihre Kennung – ein weiß-rotes Blitzfeuer – können Ostseekapitäne noch in 45 Kilometern Entfernung sehen. Bis 1998 verrichtete ein Leuchtturmwärter auf dem Dornbusch seinen Dienst, dann aber wurde auf vollautomatischen Betrieb umgestellt. In den 1960er und 70er Jahren ließ die DDR-Führung auf dem nördlichen Dornbusch Erdölbohrungen durchführen. Doch die Suche nach dem Schwarzen Gold wurde bald wieder eingestellt, die Bohrtürme verschwanden wieder, der Anleger, den man für ihren An- und Abtransport gebaut hatte, wurde aber erst in den 2000er Jahren entfernt.

Der Name Dornbusch rührt angeblich von den hohen Dornensträuchern her, die in vergangenen Jahrhunderten auf den Felsen der Steilküste wuchsen. Seefahrer konnten sie schon von weitem sehen, ihnen dienten sie als Orientierungspunkt. Irgendwann wurde das gesamte Hochland nach diesen Sträuchern benannt.

Der **Enddorn** ist das Nordostende des Hochlands und die Nordostspitze der Insel. Er markiert die Stelle, an der Ostsee und Bodden aufeinandertreffen. 1938 hatten die Nazis im Zuge ihrer Kriegsvorbereitungen am Enddorn eine Flackbatterie errichtet, die den Fliegerhorst auf der Nachbarinsel Rügen sichern sollte. Zu DDR-Zeiten war eine „Beobachtungskompanie" am Enddorn stationiert. Das Kommando war klar: Seeraum überwachen und die Republikflucht übers Meer verhindern. Nach der Wiedervereinigung wurden die Stellungen von der Bundeswehr entsorgt.

Sehenswertes

★ Leuchtturm Dornbusch

Für Besucher wurde der Leuchtturm erst Mitte der 1990er Jahre geöffnet. Wer die 102 Stufen bis hoch zur Aussichtsplattform in 20 Metern Höhe steigt, kann bei klarer Sicht im Süden die Türme der Hansestadt Stralsund und im Nordwesten die Kreideklippen der dänischen Insel Møn am Horizont erkennen.

Neben dem Turm zeigt eine vom Bildhauer Jo Habort gestaltete Sonnenuhr die Stunden an.

Im Dornbuschwald 1 |
Tel. (03 83 00) 60 86 84 |
Im Sommer 11–21, im Winter 10–16 Uhr

Essen & Übernachten

Zum Klausner

Die Ausflugsgaststätte hat es durch Lutz Seilers Roman *Kruso* zu Berühmtheit gebracht. Kulinarische Highlights sollte man hier nicht erwarten. Mit einem Kaffee oder einem Bier auf der Terrasse des an der Steilküste gelegenen Traditionslokals macht man aber nichts verkehrt. Übernachtungsmöglichkeiten werden ab 30 €/Pers. im Doppelzimmer angeboten. Wer es romantisch will, bucht sich ins *Haus Klaus*, ein gemütliches Ferienhaus direkt an der Klippe, ein (allerdings auch nahe beim Biergarten). Übernachtung mit Frühstück pro Person ab circa 55 € (mindestens 5 Nächte).

Im Dornbuschwald 1 |
Tel. (03 83 00) 66 10 |
www.klausner-hiddensee.de |
Tgl. 11.30–21.30 Uhr | €–€€

Vom Leuchtturm blickt man über Hiddensee und bis nach Rügen

Endstation Klausner

„In den ersten Stunden wusch und schrubbte Ed ohne aufzublicken. Die abgeschnittenen Fettstreifen, die ineinandergerührten Reste, die Papiertaschentücher voller Rotze oder Blut, die Schiffstickets, ...

... die Merkzettel, die Kaugummis, die verknoteten Haargummis (an denen ein paar ausgerissene Haare hingen), die Kippen, die Kotze, die Sonnencreme, der ganze Abfall, der auf den Tellern von der Terrasse zurückkam, das alles war jetzt Teil seiner Arbeit. Er betrachtete die Biss-Spuren im Fleisch, große Bisse, kleine Bisse, manche winzig, wie von Nagetieren ..." Mit plastischen Details spart Buchpreisträger **Lutz Seiler** nicht, wenn er in seinem Roman **Kruso** den Arbeitsplatz seiner Hauptfigur schildert – die **Ausflugsgaststätte Zum Klausner** auf Hiddensee. Idyllisch liegt sie zwischen Leuchtturm und Waldrand oberhalb der Steilküste auf dem Insel-Hochland, das man nicht nur im Roman *Dornbusch* nennt.

Seilers Roman spielt im Wendejahr 1989 und thematisiert die Stimmung in der sich zunächst allmählich, dann immer schneller auflösenden DDR. Deutlich zu spüren ist der Zerfall einer Gesellschaft und des politischen Systems auch und gerade im *Klausner*. Dieser Ort ist im Roman das, was er auch in Wirklichkeit war: ein Refugium für Aussteiger, für Intellektuelle, die dem Staat innerlich den Rücken gekehrt hatten. Seilers Romanfiguren, die allesamt keine „normale" DDR-Biografie leben können oder wollen, heuern als Saisonkräfte im *Klausner* an, wo harte Arbeit wartet – wo sie versuchen, ihren Traum von innerer Freiheit zu leben.

Viel Fantasie musste der preisgekrönte Autor nicht aufwenden, um diesen Mikrokosmos zu beschreiben – auch nicht, um seine Leser hinter die Kulissen der Ausflugsgaststätte zu führen. Seiler selbst hat Ende der 1980er Jahre einige Sommer auf Hiddensee verbracht und gemeinsam mit einem Freund als Saisonkraft an dem Ort gearbeitet, an dem er dann über zwei Jahrzehnte später seinen Roman spielen ließ. „... wir sind irgendwann im *Klausner* gelandet, weil man uns erzählt hatte, dass dort zwei Stellen im Abwasch frei geworden seien. Unsere Vorgänger waren der besseren Bezahlung wegen ins *Wieseneck* abgewandert. Die ersten Tage habe ich dann nur Zwiebeln geschält, tagelang Zwiebelschälen, der helle Wahnsinn!", verriet Seiler 2014 dem Berliner *Tagesspiegel*.

Längst ist die DDR Vergangenheit, einige von Seilers Mitstreitern aus Klausner-Tagen haben in Berlin selber Lokale eröffnet, von denen manche auch schon wieder Geschichte sind. Den *Klausner* aber gibt es immer noch. Zum Feinschmeckerlokal hat sich die Gaststätte auch nach der Wende nicht entwickelt. Doch mit ihrer attraktiven Lage ist sie nach wie vor ein Besuchermagnet.

ZUM KLAUSNER
Gasthaus & Pension
Zum Klausner
Schauplatz des Romans »Kruso« von Lutz Seiler
Lutz Seiler
KRUSO
Tatort des
Geschehens
Buc hie erhältlich!
KRUSOVICE

Stralsund

Stralsund war einst bedeutende Hansestadt. Der Glanz dieser Zeit zeigt sich auch heute noch – schmucke Giebelhäuser, mächtige Kirchen und viel Backsteingotik. Völlig zu Recht gehört die Altstadt seit 2002 zum Weltkulturerbe. Die meistbesuchte Sehenswürdigkeit ist jedoch das 2008 eröffnete Ozeaneum mit seinen riesigen Aquarien.

Perle am Strelasund

Stralsund ist die viertgrößte Stadt Mecklenburg-Vorpommerns und begeistert durch seine fast komplett restaurierte ★ **Altstadt** und die schöne Lage am Strelasund.

Einen besonders guten Blick auf die Skyline bekommt man bei der Überfahrt nach Hiddensee: Dann erblickt man die markanten Türme von St. Marien, St. Nikolai und St. Jakobi. Die drei mächtigen Kirchen befinden sich auf der Altstadtinsel, die durch den Knieperteich und den Frankenteich vom Festland getrennt ist.

Zahlreiche historische Bauwerke lassen sich hier bewundern. Völlig zu Recht hat die UNESCO 2002 Stralsunds Altstadt (gemeinsam mit Wismar) in den Rang eines Weltkulturerbes gehoben. Die meisten Sehenswürdigkeiten sammeln sich rund um den Neuen und den Alten Markt, der sich im Zentrum der Altstadt befindet. Dort stehen die hübschen Giebelhäuser, das Commandantenhus, das Wulflamhaus und das Rathaus in typischer Backsteingotik. Vom Alten Markt abgehend verläuft die Ossenreyerstraße als Fußgängerzone bis zum Neuen Markt. Dahinter ragt die St. Marienkirche in die Höhe. Von der Aussichtsplattform im Turm kann man die ganze Pracht der Altstadt erblicken. Sehenswert sind auch das Johanniskloster, die Jakobikirche und die zahlreichen Museen, von denen sich die meisten in der Möchstraße befinden. Das beliebteste allerdings – das Ozeaneum – befindet sich auf der separaten Hafeninsel, die der Altstadt in Richtung des Strelasunder Boddens vorgelagert ist.

Highlights

- ★ **Alter Markt:** Mit Wulflamhaus und Rathaus einer der schönsten Plätze Deutschlands
- ★ **Nikolaikirche:** Zeichen des Wohlstands aus dem 13. Jahrhundert
- ★ **Marienkirche:** Backsteingotik mit atemberaubender Aussicht
- ★ **Ozeaneum:** Riesige Aquarien präsentieren die Lebensräume Ostsee, Nordsee und Atlantik

Einst bedeutende Hansestadt

Die Stadt kann auf eine lange und oftmals ruhmreiche Geschichte zurückblicken. 1234 erhielt Stralsund die Stadtrechte, in den Folgejahren erlebte sie einen rapiden Aufstieg, der unter anderem der für eine Handelsstadt perfekten Lage geschuldet war. Die Stralsunder Kaufleute verkauften ihre Waren überall im Norden und kamen schnell zu Reichtum, bald wurden sie Mitglied der **Hanse** und sicherten sich so ihren Einfluss.

Im 14. Jahrhundert war Stralsund nach Lübeck die bedeutendste Stadt im südlichen Ostseeraum. Trotz zahlreicher Kriege mit Dänemark, die endgültig erst 1370 im Frieden von Stralsund ihr Ende fanden, hielt der Aufstieg Stralsunds an. Neben den Gewandschneidern waren es in jenen Tagen vor allem die Schiffsbauer, die erfolgreich waren. 1421 ver-

◂ *Der Alte Markt mit seinen schmucken Häusern ist das Herz der Stralsunder Altstadt*

Steckbrief: Stralsund

Gründung: 1234
Bundesland: Mecklenburg-Vorpommern (Landesteil: Vorpommern)
Lage: Am Strelasund, südlich von Rügen
Einwohner: 58 241 (31.12.2015)
Arbeitosenquote: 14,0 % (2015)
Wichtige Wirtschaftszweige: Tourismus, Schiff- und Maschinenbau, Dienstleistungsbetriebe, Logistik, Gesundheitswirtschaft
Fläche: 38,97 km^2
Telefonvorwahl: (0 38 31)

zeichnet man in Stralsund 13 Werften. 1488 gründen 50 Schiffer die *St. Marienbruderschaft der Schiffer*, den Vorläufer der **Stralsunder Schiffercompagnie**, die noch heute besteht (▸ Seite 100).

Bereits 1525 traten die Bürger Stralsunds zum evangelischen Glauben über, die Stadt wurde zum Zentrum der Reformation im Norden und damit im Dreißigjährigen Krieg ein wichtiges Ziel der Angriffe der katholischen kaiserlichen Armee. 1628 stand deren General Wallenstein mit seinen Truppen vor den Toren der Stadt. Damals riefen die Stralsunder Dänemark und Schweden zu Hilfe. Mit deren Unterstützung konnte der Angriff zurückgeschlagen werden. Bereits zwei Jahre später übernahm Schweden die Herrschaft in Vorpommern und damit auch in Stralsund. An die Belagerung erinnert man bis zum heutigen Tag alljährlich bei den Wallensteintagen (▸ Seite 29).

Die Zeit der Schwedenherrschaft bedeutete für das rückständige Vorpommern einen wirtschaftlichen und kulturellen Aufschwung. Der Handel zwischen den Hansestädten, besonders zwischen Stralsund auf der einen und Göteborg beziehungsweise Stockholm auf der anderen Seite, blühte wieder auf.

Knapp hundert Jahre später musste Schweden 1720 nach der Niederlage im Großen Nordischen Krieg den östlichen Teil Vorpommerns an Brandenburg abtreten. Der Rest Schwedisch-Vorpommerns, inklusive Stralsund und Rügen, wurde aber erst 1815 auf dem Wiener Kongress Preußen zugesprochen.

Mit der Preußenherrschaft setzte zunächst eine Zeit wirtschaftlicher Stagnation ein, der Handel mit dem Ausland ging stark zurück, viele Reeder mussten ihre Schiffe verkaufen. 1852 eröffneten die Brüder Abraham und Theodor **Wertheim** ihr Manufactur-Modewarengeschäft, das der Ausgangspunkt für den Wertheim-Konzern wurde, der bis zum Beginn der Naziherrschaft als eine der bedeutendsten deutschen Warenhausketten expandierte. Da die Wertheims Juden waren, wurden sie von den Nazis enteignet, der Konzern lebte aber nach dem Zweiten Weltkrieg wieder auf.

1944 war Stralsund Ziel mehrerer alliierter Bombenangriffe, besonders der vom 8. Oktober führte zu großen Schäden – damals wurden 8 000 Wohnungen zerstört, 800 Menschen starben. Das Kriegsende erlebte Stralsund dagegen ohne weitere Schäden. Zwar wurde die Stadt zur Festung ernannt und die Bewohner mussten sie verlassen, nach einigen kleineren Gefechten am Ortseingang zogen sich Hitlers Truppen jedoch zurück und überließen Stralsund kampflos der Roten Armee.

Während der DDR-Zeit entwickelte sich Stralsund zu einem wichtigen Industriestandort mit der **Volkswerft** als bedeutendstem Arbeitgeber. Um Wohnraum für die wachsende Bevölkerung zu schaffen, entstanden westlich des Zentrums große Plattenbausiedlungen.

Nach der Wende sorgte die Anpassung an die westliche Wirtschaftsordnung für eine große Krise, in Folge derer Tausende ihre Arbeit verloren. Die einst so große Volkswerft konnte mit der Konkurrenz nicht mehr mithalten, wurde mehrmals verkauft und doch jeweils nach einer kurzen Zwischenphase der Hoffnung von einem Investor zum anderen weitergereicht. Mit jeder Übernahme fielen Arbeitsplätze weg, bis schließlich von den ursprünglich mehr als 12 000 Arbeitsplätzen lediglich ein paar Dutzend übrig blieben.

Seit Frühjahr 2016 gehört das Werftengelände zum asiatischen Konzern Genting, der große Pläne hat. Zukünftig sollen hier gigantische Kreuzfahrtschiffe gebaut werden. Ob das so umsetzbar ist, wird sich erst noch zeigen.

Auch viele andere Betriebe mussten nach der Wende schließen und im Umland verloren die Arbeiter auf den LPGs, den Landwirtschaftlichen Produktionsgemeinschaften, ihre Anstellungen. Die Folge war Abwanderung der klugen Köpfe und Frust bei denen, die zurückbleiben mussten. Im Wendejahr 1989 lebten 75 000 Menschen in Stralsund, heute sind es nur noch gut 58 000 – etwa so viele wie 1950. Die Abwärtsbewegung ist inzwischen zwar gestoppt, allerdings auf niedrigem Niveau.

Zumindest in der Innenstadt sieht man Stralsund die Krise aber nicht an. Kirchen wurden renoviert und historische Gebäude in Stand gesetzt.

Vom Turm der Marienkirche schweift der Blick über die Altstadt

Rund um den ★ Alten Markt

Der Alte Markt mit dem Wulflamhaus, dem Commandantenhus, dem Rathaus und der sich unmittelbar dahinter anschließenden Nikolaikirche gehört zu den schönsten Plätzen Deutschlands.

Rathaus

Das Rathaus an der Südseite des Marktes ist Wahrzeichen und ganzer Stolz der Stadt. Mit seiner beeindruckenden Zierfassade gilt es als einer der bedeutendsten Profanbauten der Backsteingotik.

Bereits 1250, also nur wenige Jahre nach der Erteilung der Stadtrechte, begann man mit dem Bau. Der Stadtbrand von 1680 zerstörte allerdings große Teile des Gebäudes und in der Folge wurden Umbauten und Reparaturen vorgenommen. Die westliche Seite des Gebäudes wurde dabei im 18. Jahrhundert im Stil des Barock umgestaltet.

An der Fassade zum Alten Mark hin erinnern die Wappen von Hamburg, Lübeck, Wismar, Rostock, Greifswald und Stralsund an die wichtigsten Städte der Hanse. Der lang gestreckte zweistöckige Rathausdurchgang wurde durch ein Glasdach zur Passage und knüpft damit an die Gründerjahre an. Im 13. Jahrhundert diente das Gebäude nämlich als „Kophus", als Kaufhaus. Hier ist auch eine Büste von Gustav Adolf II. zu sehen, die allerdings ist neueren Datums.

Wulflamhaus

Das Wulflamhaus an der Nordwestseite des Platzes wurde 1358 im Stil der Backsteingotik im Auftrag von Bertram Wulflam, dem damaligen Ratsherren und späteren Bürgermeister der Stadt, erbaut. In dem Haus ist heute das Traditionsrestaurant *Wulflamstuben* (▸ Seite 102) untergebracht.

Alter Markt 5

Das Rathaus mit seiner Zierfassade ist Stralsunds Wahrzeichen

Auch das Commandantenhus liegt am Alten Markt

Commandantenhus

An der Ostseite des Platzes liegt das *Commandantenhus*, erbaut zwischen 1748 und 1751. In dem dreigeschossigen Gebäude residierte damals die schwedische Kommandantur. Das am Giebel prangende Wappen von Schwedisch-Pommern ist eine Nachbildung. Das Original war zu Beginn des 20. Jahrhunderts entfernt worden. Zu DDR-Zeiten hatte das Haus keinen guten Ruf – es hieß „Haus der Armee" und war Sitz der örtlichen Organe der NVA.

Alter Markt 14

★ Nikolaikirche

Neben dem Rathaus ragen die beiden Türme der Nikolaikirche in den Himmel. Der höhere der beiden, der mit einem Kupferhelm versehene Südturm, ist 102 Meter hoch. Die Gesamtlänge der Kirche beträgt 87 Meter, die Höhe des mittleren Kirchenschiffs 29 Meter.

Die dreischiffige Basilika entstand Ende des 13. Jahrhunderts als Zeichen des Wohlstands der ortsansässigen Krämer. Im restaurierten, farbenfrohen Kircheninneren besticht eine einzigartige Sammlung mittelalterlicher Kunstschätze: das Nowgorodfahrer-Gestühl mit Reliefszenen der Pelztierjagd (um 1370), der Bergenfahrer- und Bürgermeisteraltar (um 1500) und die Astronomische Uhr von 1394.

Ein absolutes Highlight der Kirchen- ja, der Stadtbesichtigung ist der opulent gestaltete Hauptaltar. Er stammt von Andreas Schlüter, einem der großen Meister des norddeutschen Barock. Zu den ältesten Kunstschätzen der Nikolaikirche gehört die fast zweieinhalb Meter hohe, in Stuck gefertigte Monumentalskulptur *Anna Selbdritt*, eine der bedeutendsten Großplastiken des Ostseegebietes jener Zeit.

Nov.–Apr. Mo–Fr 10–17, Sa 10–14 Uhr

Welterbe-Ausstellung
Im barocken Olthofschen Palais, das 1691/1692 für den Kaufmann Daniel Schlomann errichtet wurde, residiert seit einigen Jahren die Welterbe-Ausstellung. Sie informiert sowohl über die Welterbestadt Stralsund als auch über das Welterbeprogramm der UNESCO im Allgemeinen. Im ersten Obergeschoss des Hauses befindet sich der Hackertsche Tapetensaal, in dem fünf Wandgemälde erhalten blieben, die sächsische Landschaften zeigen. Betritt man den Saal, glaubt man in einen antiken Pavillon hineinzuschreiten, von dem aus man einen Blick hinaus in die Natur wirft. Der sehr sehenswerte Saal kann jeden Donnerstag um 16 Uhr im Rahmen einer Führung besichtigt werden.
Ossenreyerstr. 1 | Tel. (0 38 31) 25 23 16 | www.wismar-stralsund.de | Tgl. 10–17, Nov.–Apr. Mo–Fr 10–17, Sa 10–14 Uhr | Eintritt frei

Am Neuen Markt

Der Neue Markt, der zu DDR-Zeiten Leninplatz hieß, wird von sehenswerten historischen Gebäuden eingerahmt. Leider wird er aber auch als Parkplatz genutzt und verliert daher viel von seinem eigentlichen Charme. Das wichtigste Gebäude am Platz ist die Marienkirche, die sich an seiner Ostseite erhebt.

via Tipp ★ **Marienkirche**
Von der Aussichtsplattform des 104 Meter hohen Turms der Marienkirche sieht man meilenweit. Direkt unter einem liegt die Altstadt Stralsunds, umgeben von den Stadtteichen Knieper- und Frankenteich, etwas weiter entfernt das Meer und die Insel Rügen. Und schließlich, weit hinten am Horizont, erkennt man bei guter Sicht Hiddensee mit dem markanten Leuchtturm. An klaren Tagen kann man auf der anderen Sei-

Die Marienkirche bietet einen tollen An- und Ausblick

te auch noch die Türme der Stadtkirchen in der Nachbarstadt Greifswald erkennen.

Erbaut wurde St. Marien in der Mitte des 15. Jahrhunderts im für die Region so typischen Stil der Backsteingotik. Ehrgeizige, gläubige, aber auch wohlhabende Leute müssen es gewesen sein, die sich damals ans Werk machten. Denn sie planten eine mächtige Kirche: 96 Meter lang und 41 Meter breit, das Mittelschiff 33 Meter hoch und der Turm schier unglaubliche 151 Meter hoch. War so viel Streben in die Höhe dann doch zu viel Hochmut und hat Gott die Stadt gestraft? Oder waren es doch nur die Folgen eines Gewitters? Im Sommer 1647 jedenfalls schlug ein Blitz in den Turm ein und löste ein Feuer aus. Der Turm stürzte in sich zusammen, die Spitze, die ihn heute krönt, wurde erst 1708 aufgesetzt.

Aber in St. Marien gibt es nicht nur droben viel zu sehen, sondern auch drinnen. Eindrucksvoll ist der Flügelaltar aus dem 15. Jahrhundert mit der Gottesmutter im Zentrum. Er wurde ursprünglich für eine mecklenburgische Landkirche geschnitzt, 1971 nach Stralsund gebracht und dort eigelagert. Nach der Wende wurde das mittelalterliche Kunstwerk restauriert und nun schmückt es seit 1995 die Marienkirche.

Die Barockorgel wurde zwischen 1653 und 1659 von keinem geringeren als Friedrich Stellwagen erbaut, dem damals berühmtesten Orgelbauer. 3 500 Pfeifen, von denen die längste zehn Meter lang ist, sorgen für einen vollen Klang. Im Sommer finden regelmäßig Orgelkonzerte in dem Gotteshaus statt. Wer es terminlich einrichten kann, sollte sich den Ohrenschmaus nicht entgehen lassen.

Fast die gesamte mittelalterliche Ausstattung fiel Bilderstürmern und Plünderern zum Opfer. Was blieb, sind gotische Malereien an den Arkadenbögen und im Südschiff, ein spätmittelalterliches Taufbecken und drei opulente Kronleuchter aus der Renaissance.

Marienstr. 16 | Tel. (0 38 31) 29 89 65 | www.st-mariengemeinde-stralsund.de/kirche.html | Tgl. 9–18 Uhr | Turmbesteigung 4 €

Auf der Hafeninsel

★ Ozeaneum

Stralsunds größte Attraktion ist noch ziemlich jung: Das Ozeaneum – ein **Naturkundemuseum** mit Schwerpunkt Meer – zieht seit 2008 Besucher in seinen Bann. Architektonisch soll das in vier Komplexe unterteilte Gebäude am Hafen an überdimensionale, vom Meer umspülte Steine erinnern.

Im Inneren stellen riesige **Aquarien** auf 8 700 Quadratmetern Ausstellungsfläche die faszinierenden Lebensräume vor, die sich unter der Oberfläche von Ostsee, Nordsee und atlantischem Ozean verbergen. Das größte Aquarium und Herzstück des Museums nennt sich „Offener Atlantik" und fasst 2,6 Millionen Liter Wasser. Im oberen Bereich des Beckens tummeln sich hier Makrelenschwärme, Rochen, Zackenbarsche und Drückerfische – und eine Sandtigerhaidame. In der unteren Etage des Atlantikbeckens wird Meeresgrund simuliert. Dort bietet ein Pottwalskelett Ammenhaien, die sich gern bodennah tummeln, perfekten Wohnraum. Weitere Stationen auf dem barrierefreien Rundgang sind die Nord- und Ostsee-Aquarien. In dem einen ziehen unter anderem die giftigen Petermännchen im flachen Wattenmeerbecken ihre Kreise, im ande-

Ozeaneum, Gorch Fock, Altstadttürme: Der Blick auf die Hafeninsel

ren schießen Hornhechte wie silbrigglänzende Pfeile durchs Wasser.

Zu den Publikumslieblingen gehören die Humboldt-Pinguine auf der Dachterrasse. In der Natur ist die Art bedroht. Die Stralsunder Pinguine, die allesamt in Zoos geboren wurden, haben zur Freude der Meeresbiologen in ihrer kleinen, geschützten Welt schon mehrere Küken ausgebrütet. Gefüttert werden die Pinguine täglich um 11.30 Uhr. Die Fütterungszeiten in anderen Bereichen des Ozeaneums kann man im Internet abfragen. Interessante Fakten erfährt man bei der 80-minütigen Führung die täglich um 13 Uhr startet. Alternativ kann man sich per Audioguide informieren, auch eine spezielle Version für Kinder ist verfügbar. Mindestens drei Stunden sollte man für den Besuch einplanen, für eine Pause zwischendurch bieten sich Bistro oder *Hafenbar* im Ozeaneum an.

Hafenstr. 11 | Tel. (0 38 31) 2 65 06 10 | www.deutsches-meeresmuseum.de | Juni–Sep. 9.30–20 Uhr, Okt.–Mai 9.30–18.30 Uhr | Eintritt 17 €, Führung plus 4 € (Kombiticket Ozeaneum und Meeresmuseum 23 €)

Gorch Fock I

Die Gorch Fock ist als Segelschulschiff der Bundesmarine weltweit bekannt. Doch sie ist schon das zweite Schiff dieses Namens. Die ursprüngliche Gorch Fock liegt im Hafen von Stralsund. Erbaut wurde die **Drei-Mast-Bark** im Jahre 1933 und bis Ende des Zweiten Weltkriegs war sie in Stralsund als Kadettenschulschiff zu Hause. Um sie nicht als Kriegsbeute in die Hände der heranrückenden Roten Armee fallen zu lassen, wurde die Gorch Fock schließlich in der Nacht zum 1. Mai 1945 im flachen Sundgewässer vor den Toren der Stadt versenkt. Mehr als zwei Jahre lag sie dort auf Grund, bevor sie gehoben, restauriert und schließlich unter dem Namen *Towarischtsch* im Dienst der sowjetischen und später ukrainischen Marine auf den Weltmeeren kreuzte. Als das Schiff 1995 ausgemustert wurde, begann eine lange Odyssee. Viele Liebhaber warfen ein Auge auf die Meeresschönheit. Ihr Weg führte erst nach England und später nach Wilhelmshaven – als aber klar wurde, dass die alte Dame ein teures Lifting über sich ergehen lassen muss, suchten die potenziellen Freier schnell das Weite. Nur eine Gruppe Stralsunder Schiffsenthusiasten blieb dran und holte die Gorch Fock 2003 endgültig zurück in ihren Heimathafen. Heute liegt das Schiff dauerhaft vor der Hansestadt vor Anker und kann als Museum besichtigt werden. Für eine kleine Mutprobe bietet sich das Riggtraining an. Dabei entert man unter fachkundiger Begleitung bis zur Marssaling des Großmastes auf. Übersetzt in die Sprache der Nichtsegler: Man steigt auf wackliger Takelage zwölf Meter bis zu einer winzigen Plattform am Mast nach oben. Für 12 € (plus Eintritt) kann man sich so als Seeheld beweisen.

An der Fährbrücke | Tel. (0 38 31) 66 65 20 | www.gorchfock1.de | Apr.–Okt. tgl. 10–18 Uhr, Nov.–März 10–16 Uhr | Eintritt 4,90 €

Skurrileum

Das Museum für „Komische Kunst" präsentiert wechselnde Ausstellungen rund um das Thema Humor. In einem alten Speicherhaus direkt am Hafen werden Comics, Cartoons und alles, was einen zum Lachen bringt, gezeigt. Von Mai bis Oktober 2016 geht's um Reisen und Urlaub.

Koggenspeicher | Hafenstr. 7 | Tel. (01 60) 96 26 26 23 | www.skurrileum.de | Mai–Okt. tgl. 11–18, Juli/Aug. tgl. 10–19 Uhr

Die ursprüngliche Gorch Fock liegt im Hafen von Stralsund

Die Museen in der Mönchstraße

Stralsund hat sehr sehenswerte Museen, von denen sich einige in der Mönchstraße sammeln. Das Kulturhistorische Museum heißt heute Stralsund Museum und hat gleich drei Standorte: die Hauptausstellung befindet sich im Katharinenkloster direkt in der Mönchstraße, ein Stück weiter liegt das Museumshaus und dann gibt es noch das Marinemuseum, dass allerdings außerhalb der Altstadt auf der Insel Dänholm gelegen ist. Ebenfalls in den Gebäuden des Klosters befindet sich das Deutsche Meeresmuseum, dessen prominente Außenstelle das vielbesuchte *Ozeaneum* (▶ Seite 95) ist.

Deutsches Meeresmuseum

In der Klosterkirche des St. Katharinenklosters, das von Dominikanermönchen Mitte des 13. Jahrhunderts gegründet wurde, liegt heute das Deutsche Meeresmuseum. Es präsentiert von Seepferdchen über Schildkröten bis zu Haien die ganze Artenvielfalt der Ozeane.

Neben den Aquarien zeigt das Museum sechs Dauerausstellungen: „Meereskunde und Meeresbiologie", „Wale", „Geschichte der Fischerei", „DDR-Fischerei", „Mensch und Meer" und „Ostseeküste".

Viel fotografierter Höhepunkt der Sammlung ist das gut 15 Meter lange Skelett eines Finnwals, der 1825 an der Westküste Rügens strandete.

Ecke Mönchstr./Bielkenhagen | Tel. (0 38 31) 2 65 02 12 | www.deutsches-meeresmuseum.de | Nov.–Mai Di–So 10–17, Juni–Okt. 10–17 Uhr | 10 €

Stralsund Museum

In den Klausurgebäuden des St. Katharinenklosters fand 1924 das Kulturhistorische Museum, das seit einigen Jahren Stralsund Museum heißt, seine Heimat. Die Sammlungen spannen den Bogen über 10 000 Jahre Menschheitsentwicklung: von der Ur- und Frühgeschichte über mittelalterliche Altäre und weiß-blaue Keramik bis hin zu den verhaltenen Porträts und Landschaften von Elisabeth Büchsel. Die Hauptattraktion aber ist der *Hiddenseer Goldschmuck* (▶ Seite 17). Neben seiner permanenten Sammlung zeigt das Stralsund Museum auch wechselnde Ausstellungen.

Mönchstr. 25–28 | Tel. (0 38 31) 25 36 17 | www.stralsund-museum.de | Di–So 10–17 Uhr | 6 € (vergünstigte Kombikarten für Museumshaus und Marinemuseum)

Museumshaus

Das Haus in der Mönchstraße 38 ist eines der ältesten der Stadt. Im Kern stammt es aus dem 14. Jahrhundert, wurde aber lange von einer Kaufmannsfamilie bewohnt und im Stil der jeweiligen Epoche verändert, modernisiert und erweitert.

Zu DDR-Zeiten war das spätgotische Gebäude ein Mietshaus, ab 1979 stand es leer, nach der Wende wurde es sorgsam saniert und restauriert und in ein Museum umgestaltet. Seither lädt es Besucher zu einer Zeitreise durch rund 600 Jahre hanseatischer Kulturgeschichte ein. Auf mehreren Etagen lässt sich Einblick nehmen in die Wohn- und Arbeitswelt einer Handelsfamilie.

Bevor man die Tour von Stockwerk zu Stockwerk startet, lohnt es sich, im Erdgeschoss einen kurzen Film anzuschauen, der den Aufwand erklärt, mit dem das mittelalterliche Gebäude in den 1990er Jahren vor dem Verfall gerettet wurde. Eindrucksvoll ist ein noch aus dem Spätmittelalter erhaltenes Aufzugsrad – es ist eines der ältesten in Nordeuropa und

Das idyllische Johanniskloster war einst ein Armen- und Altenhaus

noch immer funktionsfähig.
Mönchstr. 38 | Tel. (0 38 31) 25 36 17 | www.stralsund-museum.de | Di–So 10–17 Uhr | 5 €

Weitere Sehenswürdigkeiten in der Altstadt

Jakobikirche

Die schlichte gotische Jakobikirche wurde 1303 erstmals erwähnt, Mitte des 14. Jahrhunderts wurde sie ausgebaut und erhielt den 68 Meter hohen Turm. Im Laufe ihrer Geschichte wurde die Kirche gleich mehrfach schwer beschädigt. 1628 wurde sie bei der Wallensteinschen Belagerung von dreißig Geschossen getroffen, 1662 brannte der Turm nach einem Blitzschlag ab, 1678 und 1715 war sie Ziel von Artilleriebeschuss, zu Beginn des 19. Jahrhunderts machten Napoleons Soldaten die Kirche zum Pferdestall und schließlich wurde sie beim Luftangriff am 6. Oktober 1944 schwer beschädigt.

Nach der Wende renoviert, wird St. Jakobi heute als Kulturkirche genutzt, in der Ausstellungen und Konzerte stattfinden.
Jacobiturmstr. 28a | Tel. (0 38 31) 30 96 96 | www.jakobi-stralsund.de

Das Johanniskloster

Östlich des Knieper Tors erreicht man das Johanniskloster. Das einstige Refugium der Franziskaner wurde Mitte des 13. Jahrhunderts errichtet und nach der Reformation als Armen- und Altenhaus genutzt. Sehenswert sind neben der Barockbibliothek mit rund 2500 Büchern der Kapitelsaal, der gotische Kreuzgang und ein riesiger alter Räucherboden, so genannt nach den Rauchabzügen der zellenartigen Wohnungen. Von der Klosterkirche stehen seit dem Bombenangriff von 1944 nur noch die Umfassungsmauern. An die damaligen Opfer erinnert eine Kopie der Pietà von Ernst Barlach. Im Sommer finden in der Ruine Konzerte statt.
Schillstr. 27/28

Haus der Schiffercompagnie

Die Schiffercompagnie wurde 1488 von 50 Stralsunder „Fahrenslüüd" gegründet. Heute zählt der wohl älteste Verein Deutschlands etwa 100 Mitglieder. Die erste Frau wurde übrigens im Jahre 1979 aufgenommen. Das Domizil der Schiffer – ein prächtig rot gestrichenes Haus aus dem 17. Jahrhundert – kann nach Voranmeldung besichtigt werden.

Frankenstr. 9 | Besichtigung auf Anfrage: Tel. (0 38 31) 29 04 49

Sehenswertes außerhalb der Altstadt

Naturschutzgebiet Halbinsel Devin

Das Naturschutzgebiet Halbinsel Devin erreicht man circa einen Kilometer östlich von Stralsund abseits der Bundesstraße 96 am Ortsausgang von Devin (Buslinie 3 bis Endhaltestelle).

Bei dem Spaziergang über die blumenbestandenen Magerwiesen öffnet sich der Blick auf Stralsund, den Rügendamm und die Insel Rügen. Am Fuße des Steilufers liegt ein schmaler Sandstrand. Einige Teile des Naturschutzgebietes nutzen Zugvögel zur Rast. Sie dürfen zu bestimmten Jahreszeiten nicht betreten werden.

Kranich-Informationszentrum

Das Kranich-Informationszentrum in Groß Mohrdorf, 14 Kilometer nordwestlich von Stralsund, ist die erste Anlaufstelle für alle Vogelfreunde, die zur Kranichbeobachtung nach Mecklenburg-Vorpommern kommen. Hier kann man sich aktuell über die Standplätze der Tiere informieren.

Lindenstr. 27 | 18445 Groß Mohrdorf | Tel. (03 83 23) 8 05 40 | www.kraniche.de | März–Mai Mo–So 10–16, Juni/Juli Mo–Fr 10–16, Aug. tgl. 10–16.30, Sep./Okt. tgl. 9.30–17.30, Nov. Mo–Fr 10–16 Uhr

Im Naturschutzgebiet auf der Halbinsel Devin wachsen auch Obstbäume

Verbindungen

Mit der Bahn

Ab Berlin fährt nahezu stündlich ein RE nach Stralsund (Fahrzeit ca. 3 Std.). Ein- bis dreimal pro Tag bestehen außerdem Verbindungen mit ICE/IC-Zügen (Fahrzeit 2 Std. 45 Min.).

Ab Hamburg bestehen ca. alle zwei Stunden RE-Verbindungen via Rostock nach Stralsund (Fahrzeit ca. 3,5–4 Std.).

Zudem fahren alle 2 Std. Züge nach **Bergen auf Rügen** mit Weiterfahrt nach Sassnitz oder Binz.

www.bahn.de

Mit dem Bus

Fernbusse fahren aus vielen deutschen Städten nach Stralsund.

www.meinfernbus.de

Mit dem Auto

Aus quasi allen Richtungen kommt man mit dem Auto über die A 20 und fährt an der Abfahrt Stralsund auf die B 96 bis in die Stadt.

Information

Tourismuszentrale

Prospektservice, Zimmervermittlung, Stadtführungen, Information, Souvenirs und Kartenvorverkauf.

Alter Markt 9 | 18439 Stralsund | Tel. (0 38 31) 2 46 90 | www.stralsundtourismus.de

Stadtführungen

Finden von Mai bis Oktober täglich um 11 und um 14 Uhr statt. Ebenfalls von Mai bis Oktober gibt es dienstags und freitags um 21 Uhr einen Spaziergang mit dem Nachtwächter und von Juni bis Oktober montags um 16 Uhr einen kulinarischen Stadtrundgang. Buchbar jeweils bei der Tourismuszentrale.

Alter Markt 9 | Tel. (0 38 31) 2 46 90 | www.stralsundtourismus.de

Übernachten

Hotel Kontorhaus 1

Kleines, exklusives Hotel am Hafen in unmittelbarer Nachbarschaft des *Ozeaneums*. Kostenloses WLAN.

Am Querkanal 1 | Tel. (0 38 31) 28 98 00 | www.hotel-kontorhaus-stralsund.de | €€€

Hotel zur Post 2

Stilvolles Wohnen in bester Lage im Stadtzentrum; Tiefgarage. Variable Preise je nach Buchungssituation. Dadurch in der Regel sehr günstige Nachsaisonpreise. Im hoteleigenen Restaurant kommt täglich fangfrischer Fisch auf den Tisch.

Tribseer Str. 22 (am Neuen Markt) | Tel. (0 38 31) 20 05 00 | www.hotel-zur-post-stralsund.de | €€

Haus Steuerrad 3

2012 komplett saniertes und umgebautes Altstadthaus, helle Apartments mit stilvollem Interieur, helle Holzböden, 400 Meter vom Hafen entfernt. Angeboten werden Apartments mit einem und zwei Schlafzimmern, teils mit Balkon. Derselbe Anbieter bietet auch ähnliche Ferienwohnungen im Haus *Zum Goldenen Anker* am Hafen an.

Frankenstr. 21 | Tel. (0 38 31) 28 28 55 | www.ferienwohnung-stralsund-altstadt.de | €€

Hotel-Pension Klabautermann 4

Gemütliche Zimmer, perfekte Lage am Hafen und am *Ozeaneum*. In der Hafengaststätte wird rustikale Küche serviert – im Sommer sitzt man beim Sonnenuntergang draußen und genießt sein Bier.

Am Querkanal 2 | Tel. (0 38 31) 29 36 28 | www.pension-klabautermann.de | €

Hotel an den Bleichen

Ruhiges, einfaches Drei-Sterne-Hotel am Rand des Stadtwalds, helle Zim-

Stralsunds Altstadt bietet bezaubernde Blicke und kleine Gassen

mer. Kostenloses WLAN, Fahrradverleih, Liegewiese.
An den Bleichen 45 |
Tel. (0 38 31) 39 06 75 |
www.hotelandenbleichen.de | €–€€

Essen & Trinken

Wulflamstuben 1
Regionale Köstlichkeiten in einem der ältesten Bürgerhäuser der Stadt, aus dem 14. Jahrhundert. Ausgezeichnete Fischgerichte um 15 €.
Alter Markt 5 | Tel. (0 38 31) 29 15 33 |
www.wulflamstuben.de | €€

Goldener Löwe 2
Hier macht's die Lage. Die Karte bietet regionale und mediterrane Speisen. Diese kulinarische Mischung serviert man im Sommer auch draußen auf der Außenterrasse mit Blick auf das Rathaus.
Alter Markt 1 | Tel. (0 38 31) 30 63 90 |
www.goldener-loewe-stralsund.de | €€

Hansekeller 3
In dem rustikalen Gewölbekeller aus dem 16. Jh. serviert man regionale Küche und fangfrischen Fisch zu vernünftigen Preisen. Täglich bis Mitternacht geöffnet. Zentrale Lage gegenüber dem Meeresmuseum.
Mönchstr. 48 | Tel. (0 38 31) 70 38 40 |
www.hansekeller-stralsund.de | €€

Zur Kogge 4
Einer der Klassiker in Stralsund. In der Kogge kommen Fischgerichte von ausgezeichneter Qualität auf den Tisch. Der Kapitänsteller, der ein Potpourri an Ostseefisch bietet, ist für unter 16€ zu haben. Den Hiddenseer Tuckeraal in Senfsoße gibt's für knapp 18€.
Tribseer Str. 25 | Tel. (0 38 31) 28 58 50 | €€

Lara 5
Der Neuzugang in der Stralsunder Restaurantszene setzt neue Akzente und bietet Traditionelles leicht(er)

zubereitet. Auch vegetarische und vegane Speisen findet man auf der Karte. Perfekte Lage in Wassernähe und in der Nachbarschaft des *Ozeaneums*.

Am Fischmarkt 4 |
Tel. (0 38 31) 66 63 39 | €€

Brasserie 6

Ein bisschen Paris mitten in Stralsund. Dem jungen Publikum gefällt's. Im Sommer sitzt man draußen direkt am Platz oder ruhiger im Innenhof.

Neuer Markt 2 | Tel. (0 38 31) 70 35 14 |
www.brasseriegrandcafe-hst.de | €–€€

Altstädter Mittagstisch 7

Ein bisschen sieht es aus wie in einer Kantine, aber dafür wird die leckere Hausmannskost auch zu Sparpreisen angeboten. Mittagstisch (Mo–Fr 11–14.30 Uhr) ab 3 €. Frühstück zum Tiefpreis ab 6.30 Uhr.

Semlower Str. 14 | Tel. (0 38 31) 28 04 25 | €

via Tipp **Café Hühnergott** 8

Gemütliches Tagescafé im Rathausdurchgang. Ausgezeichnete Kaffeespezialitäten und sehr solide Weinauswahl. Dazu kleine Gerichte mit mediterranem Einschlag. Der Hühnergott könnte auch in Berlin oder Hamburg liegen und bringt so ein bisschen Metropolenfeeling in die kleine Hansestadt.

Alter Markt 9 | Tel. (0 38 31) 30 92 78 |
www.cafe-hühnergott.de | €

Fischermanns 9

Das Restaurant liegt dort, wo es Fischer am liebsten haben – am Hafen. Und auch auf der Karte steht, was der Seemann mit nach Hause bringt: Dorsch, Scholle, Zander und Lachs. Für Fleischesser gibt es Schnitzel, Steak und Burger. Zumindest im Hauptgerichtebereich bleiben Vegetarier dagegen außen vor. Die Küche ist deftig und solide. Der Blick auf den Hafen erstklassig. Hinter der

Das Café Hühnergott bringt Metropolenfeeling in die Hansestadt

Glasschutzwand sitzt man windgeschützt.
An der Fährbrücke 3 |
Tel. (0 38 31) 29 23 22 |
www.fischermanns-restaurant.de | €€

Alter Fritz
Noch ein Klassiker in Stralsund. Der kupferne Bierkessel im Gastraum sorgt für Brauereiatmosphäre. Die Karte ist regional; für die Zubereitung der Gericht wird, wo immer möglich, Bier als „Gewürz" verwendet. Wegen der Lage etwas außerhalb an der Straße nach Greifswald ist der *Alte Fritz* für Tagesgäste ohne PKW nicht die erste Wahl.
Greifswalder Chaussee 84–85 |
Tel. (0 38 31) 25 55 00 |
www.alter-fritz.de | €€

Nachtleben

Der Goldene Anker
Legendär und immer noch gut. Die typische Hafenkneipe erfindet sich immer wieder neu und zieht deswegen auch jüngeres Publikum an.
An der Fährbrücke 8 |
Tel. (0 38 31) 28 20 55

Zur Fähre
Die *Fähre* ist die älteste Kneipe der Stadt und laut Webseite sogar eine der ältesten Europas. Die Schankrechte waren jedenfalls schon 1332 in den Stadtbüchern notiert. Gemütlich und im besten Sinne urig.
Fährstr. 17 | Tel. (0 38 31) 29 71 96 |
www.zurfaehre-kneipe.de

Campus
Gemütliche Studentenkneipe in der Innenstadt.
Mönchstr. 40 | Tel. (0 38 31) 28 43 00

Einkaufen

Mitten durch die Altstadt erstreckt sich vom Alten bis zum Neuen Markt entlang des Straßenzugs Ossenreyerstraße – Apollonienmarkt – Mönch-

Zahlreiche Cafés und Restaurants bieten sich für entspannte Pausen an

Neben den großen Museen hat Stralsund auch sehr sehenswerte Galerien

straße eine Fußgängerzone mit zahlreichen Geschäften und Einkaufsmöglichkeiten.

Hanse Galerie im Rathaus
Kunst vom Sund (oder der Umgebung). Hier bieten unterschiedliche Künstler ihre Werke an. Das Spektrum ist breit: Malerei, Grafik und Keramik, Schmuck, Fotografie und Skulpturen.
Alter Markt | Tel. (0 38 31) 29 28 89 |
www.hanse-galerie-stralsund.de

Schokoladerie de Prie
Der Laden für Leckermäuler. Schokolade und andere Süßigkeiten in allen möglichen Darreichungsformen. Wer auf der Suche nach einem Souvenir ist, bringt eine Schokoladentafel mit Stralsund-Motiven mit nach Hause.
Alter Markt 10/Rathauspassage |
Tel. (0 38 31) 6 67 69 91 |
www.schokoladerie.com

Goldschmiede Schulz
Das perfekte Souvenir für Hiddenseebesucher auf Stralsund Trip. *Goldschmiede Schulz* verkauft Nachbildungen des Hiddenseer Goldschmucks. Beliebt ist auch der so typische Bernsteinschmuck.
Mühlenstr. 8 | Tel. (0 38 31) 28 07 81 |
www.goldschmiede-schulz.de

Faszination Stralsund (Whiskyhaus)
Hier finden Kenner von Whisky und Rum sicher den richtigen Tropfen. Billigware, die man auch beim Discounter findet, verkauft man hier nicht. Lieber importiert man fassweise selbst. Besonders gefragt sind die eigenen Abfüllungen, die auch ein beliebtes Mitbringsel sind: Stralsunder Frauenrum, Stralsunder Marinerum und Stralsunder Brückengeist. Wer lieber Wein mag, greift zum Stralsunder Rotspon.
Wasserstr. 25 | Tel. (01 73) 2 09 11 43 |
www.faszination-stralsund.de |
Di–Fr 10.30–16.30, Sa 10–14 Uhr

Eine Wanderung über Hiddensees hügeliges Hochland – den Dornbusch – und zum Leuchtturm ist ein Muss ▸ Seite 114

Entdeckertouren

Tour 1: Fahrradtour von Neuendorf nach Grieben

Tour im Überblick

Charakteristik: Leichte Radtour auf asphaltierten Straßen, teils auf Plattenwegen, minimale Steigung auf dem Streckenabschnitt Kloster–Grieben

Start: Neuendorf Hafen

Ziel: Grieben

Strecke: Neuendorf – Dünenheide – Vitte – Segelhafen – Kloster – Grieben

Entfernung: 10 km einfach

Dauer: 1 Std. 15 Min.

Einkehrtipp: *Altes Gasthaus zum Enddorn* in Grieben

Diese abwechslungsreiche Radtour führt einmal quer über die Insel, hin und her zwischen Bodden und Meer. Es geht von Neuendorf aus durch die Dünenheide nach Vitte, mit seinen reetgedeckten Häusern und der sehenswerten Blauen Scheune, und weiter über Kloster bis zu Hiddensees kleinster und ältester Siedlung Grieben.

Die Tour beginnt am Hafen von **Neuendorf**, dem ersten Hafen der Insel, den das Fährschiff, von Stralsund kommend, ansteuert. Das unter Denkmalschutz stehende Wiesendorf zeigt Hiddensees traditionelle Seite mit vielen Reetdachhäusern. Wir machen uns aber gleich auf den Weg gen Norden.

Auf der Königsbarg, der „Hauptstraße" von Neuendorf, radeln wir – der Beschilderung nach Kloster und Vitte folgend – ortsauswärts, am kleinen **Fischereimuseum** (▸ Seite 47) vorbei. Dies dokumentiert die Geschichte der Fischerei und die Fischer höchstpersönlich führen durch das liebevoll gestaltete Museum.

Nach einem knappen Kilometer passieren wir am Ortsrand ein öffentliches WC und lassen die letzten Häuser Neuendorfs hinter uns. Rechts des Weges dehnt sich die Insel mit Wiesen- und Weideland aus. Der Blick reicht weit über den Bodden. Linker Hand ist die Westküste der Insel nur wenige hundert Meter entfernt. Bäume, Büsche und Dünen versperren die Sicht aufs Meer, halten aber auch den Wind ab.

Nach drei Kilometern ist der schmucke Gasthof **Heiderose** erreicht. Zwischen dem Radweg, der an dieser Stelle in der Inselmitte verläuft, und der Westküste liegt das Naturschutzgebiet **Dünenheide**. Das circa 75 Hektar große Areal erstreckt sich bis nach Vitte. An der Westseite finden sich bis zu fünf Meter hohe Dünen, an die sich gen Osten eine Seesandebene anschließt. Die Heidelandschaft ist die letzte große Küstenheide an der deutschen Ostseeküste.

Etwa zwei Kilometer nördlich der *Heiderose* zweigt kurz vor dem Ort Vitte ein asphaltierter Weg links ab. Dem folgen wir, kehren also dem Bodden den Rücken, nähern uns – hier schon mit Blick aufs Meer – der Westküste. Kurz vor dem Strand macht der Weg eine Rechtsbiegung, danach radelt man parallel zum Strand mit Meerblick an den reetge-

N
1000 m
Blankenberg
Grieben
Kloster
Dorn-
busch
Altes Gast-
haus zum
Enddorn
Gerhart-
Hauptmann-
Haus
Asta-Nielsen-Haus
Vitter
Vitte
Blaue Scheune
Vitter
Bodden
Bucht
O s t s e e
Dünen-
heide
Fährinsel
Gasthof
Heiderose
Tour 1 Start
Fischerei-
museum
Neuendorf

deckten Häusern von **Vitte** (▸ Seite 53) vorbei. Mehrere Fahrradparkplätze und Strandzugänge laden zu einem Stopp am Strand ein.

Am vierten Abzweig verlassen wir die Strandpromenade, indem wir rechts vorbei an der flügellosen Windmühle Richtung Ortsmitte fahren. Am Ende der Straße taucht die vielfotografierte **Blaue Scheune** (▸ Seite 54) auf. Für einen Abstecher zum Hafen biegen wir bei der Scheune in den Wiesenweg, fahren etwa 100 Meter in südliche Richtung, biegen links auf den Achtern Diek.

Nach einem Stopp bei den Kuttern am **Hafen** machen wir kehrt und biegen vom Achtern Diek rechts auf den Deich, radeln mit Boddenblick bis zum Seglerhafen. Dort geht es links in den Weg Zum Seglerhafen am runden **Asta-Nielsen-Haus** (▸ Seite 58) vorbei und am Ende des Weges rechts auf dem breiten Inselhauptweg weiter nach **Kloster** (▸ Seite 67).

Den schönsten Ort der Insel durchfährt man auf dem von alten Bäumen gesäumten **Kirchweg**, im Haus Nr. 13 wohnte **Gerhart Hauptmann**. Das etwas hinter Bäumen versteckte Haus kann man besichtigen, in einem neu erbauten Besucherpavillon samt Shop erfährt man viel Interessantes über den Schriftsteller (▸ Seite 70).

Kloster liegt am Rand des **Dornbusch**, des hügeligen Nordteils der Insel und die Straße – ab Kloster geht's immer geradeaus Richtung **Enddorn** – steigt hier etwas an. Links und rechts Idylle pur: Pferdekoppeln, Boddenblick.

Nach weiteren eineinhalb Kilometern ist **Grieben** (▸ Seite 78), Hiddensees kleinste und älteste Siedlung, erreicht. Hier kann man im *Alten Gasthaus zum Enddorn* diese schöne Tour bei einem kühlen Getränk ausklingen lassen.

Bei der Radtour einmal quer über die Insel sieht man immer wieder Pferdekoppeln

Tour 2: Wanderung von Neuendorf zum Süderleuchtturm

Tour im Überblick

Karte: ▸ Seite 113

Charakteristik: Leichte Wanderung auf Schotterstraßen, Wald- und Sandwegen

Start: Neuendorf Hafen

Ziel: Süderleuchtturm

Strecke: Neuendorf – Plogshagen – Küstenwald – Leuchtfeuer Gellen (*Süderleuchtturm*)

Entfernung: 4 km einfach

Dauer: 1 Std.

Einkehrtipp: Gaststätte *Zur Boje* in Neuendorf
Alternativ: ein Picknick am feinsandigen Strand zu Füßen des *Süderleuchtturms*

Diese Wanderung führt uns vom beschaulichen Neuendorf in den stillen Süden Hiddensees. Durch Küstenwald und vorbei an der schmalsten Stelle der Insel geht es bis zum Leuchtfeuer Gellen, dem sogenannten Süderleuchtturm.

Unsere Tour beginnen wir am **Hafen von Neuendorf** (▸ Seite 45). Vom Festland aus ist dies der erste Hafen, den die Fähre ansteuert. Zuallererst machen wir einen Abstecher zum **Wasserwanderrastplatz**, dafür müssen wir nur vom Fähranleger ein paar Schritte an der Boddenküste entlang gen Süden gehen. Hier, am Rastplatz für Boote, dümpeln vom Frühsommer bis in den Herbst hinein in aller Regel einige Segeljachten vor Anker.

Direkt am Boddenufer verdient eine **Holzskulptur** – Frau mit Fisch – Beachtung. *Fundstück* hat der Greifswalder Bildhauer Eckhard Labs diese Skulptur genannt.

Richtung Ortsmitte folgen wir nun der Hauptstraße *Königsbarg* und biegen nach ca. 250 Metern, vor der Gaststätte *Zur Boje*, links ab. Plogshagen heißt die Straße, auf der wir jetzt weiter gen Süden gehen und so wie die Straße nennt sich auch dieser südliche, eigentlich viel ältere Ortsteil von Neuendorf.

Plogshagens weißgetünchte Rohrdachhäuser aus dem 19. Jahrhundert stehen zumeist auf zaunlosen Grundstücken zwischen Ostsee- und Boddenküste und sind denkmalgeschützt.

An der Gaststätte *Stranddistel* wandern wir auf der schmalen Straße weiter Richtung Ostseeküste, halten uns am Ende von Plogshagen rechts und folgen einem schmalen Weg, der parallel zum Strand verläuft und nach etwa 200 Metern in ein schmales **Küstenwäldchen** führt.

Hier passieren wir die **schmalste Stelle der Insel** – hier ist Hiddensee kaum 300 Meter breit. Der schattige Waldweg ist oft matschig, dank der Zementbohlen bleiben die Füße aber trocken – allerdings sind die Bohlen unregelmäßig und mit größeren Abständen verlegt, sodass dieser Streckenabschnitt für Kinderwagen und Rollstuhlfahrer ungeeignet ist.

Nach einem knappen Kilometer öffnet sich auf der Boddenseite ei-

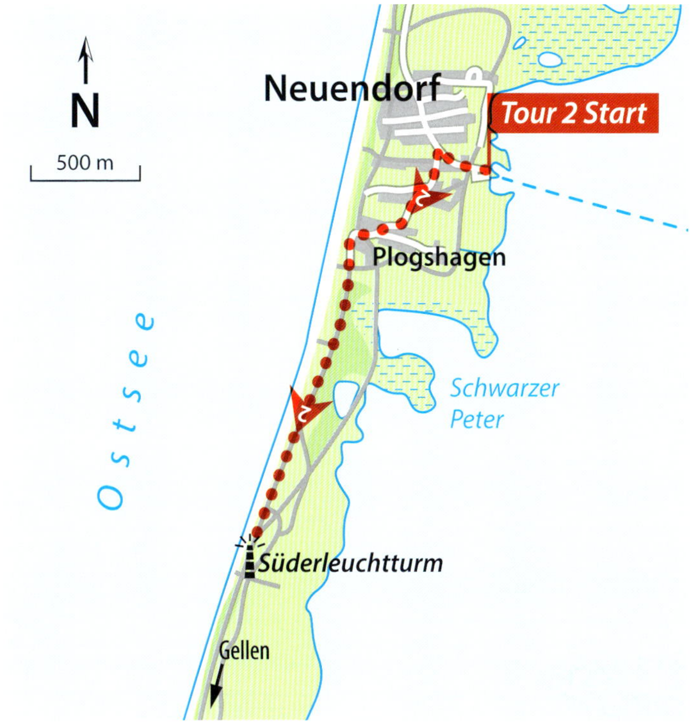

ne Lichtung. Jetzt kann man in ein paar hundert Metern Entfernung das Boddengewässer sehen, rechter Hand weiterhin das Küstenwäldchen. Ans Ohr dringt hier nur noch das Geschnatter der vielen Seevögel, für die Hiddensees Süden – **Gellen** genannt – wichtiger Brutplatz und Rückzugsraum ist. Um den Lebensraum der Vögel zu schützen und zu erhalten, ist die Südspitze des Gellen heute als Schutzzone 1 des Nationalparks Vorpommersche Boddenlandschaft für Menschen gesperrt. So trifft man hier auch kaum noch Menschen und kann diese unendliche Ruhe ganz ungestört genießen.

Etwa 800 Meter wandern wir auf sandigem Weg weiter, dann ist der **Süderleuchtturm** (▸ Seite 51) erreicht. Der 1905 errichtete Leuchtturm dient bis heute zur Orientierung für die Seefahrt auf dem Gellenstrom.

Der Strand zu Füßen dieses zehn Meter hohen Leuchtfeuers (ein sogenanntes Quermarkenfeuer) ist fast weiß und feinsandig. Hier kann man sich am Strand ausstrecken und zur Abkühlung in die Ostsee springen.

Viel weiter gen Süden dürfen Wanderer sowieso nicht gehen, denn dort beginnt die Kernzone des Nationalparks – das Vogelschutzgebiet, das für Menschen tabu ist.

◂ *Der Süderleuchtturm dient noch heute zur Orientierung für die Schifffahrt*

Tour 3: Rundwanderung von Kloster zum Leuchtturm Dornbusch

Tour im Überblick

Charakteristik: Leichte Wandertour auf Bohlen- und Waldwegen, leichter Anstieg zwischen Kloster und Leuchtturm

Start & Ziel: Kloster

Strecke: Kloster – Leuchtturm Dornbusch – *Zum Klausner* – Kloster

Entfernung: 5 km

Dauer: 2,5 Std.

Einkehrtipp: *Zum Klausner* und *Zum kleinen Inselblick* in Kloster

Diese Wanderung führt uns, nicht ganz ohne Anstrengung, von Kloster zum Wahrzeichen der Insel – dem Leuchtturm Dornbusch. Durch den Küstenwald führt uns ein Weg am Meer zurück nach Kloster. Auf der Tour laden mehrere Aussichtspunkte zu Pausen mit Weitblick ein.

Die Tour startet in **Kloster** (▸ Seite 67) – für viele Hiddenseebesucher der schönste Ort der Insel. Eingerahmt zwischen Boddenküste und den waldigen Hügeln des Hochlands, versprüht der Ort einen historischen Charme.

Vom **Hafen Kloster** führt der Hafenweg Richtung Ortsmitte. Nach etwa 200 Metern verzweigt er sich an einer kleinen Kreuzung und wir halten uns rechts, biegen dann aber gleich neben dem Dorfteich links in den **Leuchtturmweg** ein.

Dieser Bohlenweg wird von Roter Heckenkirsche, Sanddornbüschen und Ginster gesäumt und auf ihm geht es jetzt – zumindest für Hiddenseer Verhältnisse – erst einmal recht steil bergan. Auf der 1,5 Kilometer langen Strecke zum Leuchtturm Dornbusch müssen immerhin 70 Höhenmeter überwunden werden.

Nach etwa einem Kilometer lädt ein mit Bänken und Holzbett (!) bestückter Aussichtsplatz zum Verschnaufen ein. Nehmen Sie Platz oder strecken Sie sich aus – hier liegt Ihnen Hiddensee zu Füßen – von hier oben kann man über die ganze Insel bis zur Südspitze sehen.

Ein kurzes Stück weiter bergan, dann verzweigt sich der Weg, zum **Leuchtturm Dornbusch** (▸ Seite 85) geht es rechts ab. Nach wenigen Schritten sieht man das Wahrzeichen der Insel auch schon. Keine Frage, es lohnt sich, die 102 Stufen zu erklimmen.

Nach Auf- und Abstieg geht man zurück zur Abzweigung und folgt dem Leuchtturmweg ein paar Schritte, um dann rechts in das Wäldchen abzubiegen.

Den Weg zur **Ausflugsgaststätte** *Zum Klausner* (▸ Seite 85), die durch Lutz Seilers Roman *Kruso* (▸ Seite 40) berühmt geworden ist, weist auch ein Schild. Vor der Terrasse des Gasthauses kann man einen Blick auf die Steilküste werfen.

Über die Terrasse und gleich wieder in den Wald hinein geht es weiter, ein Stück bergab, an der **Infotafel der Inselimker** vorbei. An der Kreuzung mit Fahrradsperre halten wir uns rechts und folgen dem gelb-weiß markierten Hochuferweg. Nach Kloster sind es jetzt noch 2,3 Kilometer. Nach wenigen hundert Metern führt ein schmaler Pfad zu einer Aussichtsstelle mit Meerblick. Danach steigt der Wanderweg wieder an, besonders schön ist es, die Strecke am späten Nachmittag zu gehen, wenn die Sonnenstrahlen schräg durch das Blätterdach dringen.

Nach einem Kilometer führt der Weg aus dem Wald heraus und gabelt sich, geradeaus geht es zum Hafen.

Wer sich jetzt mit guter Fischküche stärken will, hält sich links, wandert inseleinwärts. Nach knapp 200 Metern kommt man an einer Villa vorbei, geht weiter auf dem schmalen Pfad geradeaus, nach etwa 100 Metern gabelt sich der Weg erneut. Bergab, nach **Kloster**, führen beide. Wir nehmen den zweiten, etwas schmaleren und erreichen nach rund 100 Metern das Gasthaus *Zum kleinen Inselblick*. Wenn man etwas Glück – oder wohlwissend einen Tisch reserviert hat – lohnt sich hier eine ausgiebige Erholungspause. In dem urgemütlichen Gasthaus mit viel Krimskrams (den man, so man will, auch kaufen kann) steht Fisch im Zentrum der Karte. Der Inselblick ist nicht nur geografisch ganz oben in Kloster, auch auf der kulinarischen Landkarte ist er oben angesiedelt.

Zur Ortsmitte von **Kloster** folgen wir dem Weg einfach weiter bergab und sind in kürzester Zeit wieder am Ausgangspunkt unserer Tour.

Tour 4: Wanderung von Grieben zum Altbessin

Tour im Überblick

Charakteristik: Einfache Wanderung, zunächst über einen Plattenweg, dann über eine Wiese

Start: *Altes Gasthaus zum Enddorn* in Grieben

Ziel: Vogelbeobachtungsturm auf dem Altbessin

Strecke: Grieben – Altbessin

Entfernung: 4 km einfach

Dauer: 2 Std.

Einkehrtipp: *Altes Gasthaus zum Enddorn* in Grieben

Tipp: Eine geführte (und kostenlose) Wanderung über den Altbessin bietet einmal wöchentlich die Nationalparkverwaltung an (Treffpunkt am Eingangstor zum Altbessin), für Wanderer mit einem besonderen Interesse an Pflanzen ist die Tour sehr empfehlenswert!

Von Hiddensees ältester Siedlung aus geht es auf den Altbessin. Ein noch recht junger Landrücken, der zwischen Bodden und Meer in die Ostsee wächst. Zu sehen gibt es neben einer beschaulichen Vegetation die seltenen Ostpreußischen Skudden (Schafe) … und am Ende der Wanderung die großen Vogelkolonien auf dem benachbarten Neubessin.

Vom **Alten Gasthaus zum Enddorn** (▸ Seite 81) in Grieben läuft man auf dem Radweg ortsauswärts und folgt dabei der Beschilderung Richtung Enddorn bzw. Bessin. Der Bessin bezeichnet die zwei Halbinseln Neubessin und Altbessin.

Kurz nach dem Ortsausgang folgen in kurzen Abständen zwei Abzweigungen nach links, die erste führt hinauf zum Leuchtturm beziehungsweise zurück nach Kloster, die zweite auf einer anderen Route ebenfalls zum Leuchtturm und zum Aussichtspunkt auf dem **Svantiberg**.

Die beiden Abzweige lässt man – hier im durchaus wörtlichen Sinne – links liegen und geht weiter, bis sich der Weg gabelt. Linker Hand führt er weiter zum **Enddorn** (▸ Seite 80), rechter Hand – man sieht es schon vor sich – zu einem Tor, das den Eingang zum **Altbessin** (▸ Seite 80) absperrt. Bis hierher kann, wer will, auch mit dem Fahrrad fahren. Wandern auf dem Altbessin kann man noch gar nicht so lange, denn der Landrücken ist erst zwischen 300 und 400 Jahre alt. Der Neubessin nebenan, den man aus Naturschutzgründen nicht betreten darf, wächst erst seit etwa einhundert Jahren in die Ostsee hinein.

Das Tor am Altbessin soll aber nicht die Wanderer vom Betreten abhalten, sondern verhindern, dass die Schafe, die dort als eine Art natürliche Rasenmäher „arbeiten", entkommen. Die Schafe sind übrigens auch schon eine kleine Sehenswürdigkeit – sie gehören nämlich zur seltenen Rasse der *Ostpreußischen Skudden*, von der es nur noch knapp 2 000 Tiere gibt.

Über die **Schafsweide** wandernd, geht es etwa eine Viertelstunde dahin, bevor man ein zweites Tor erreicht, das das südliche Ende der Weide begrenzt. Auf dem schmalen Landzipfel hat man zwar das Meer ständig im Blick, direkt ans Wasser führt der Weg aber nur an wenigen Stellen.

Nachdem man die Schafsweide verlassen hat, ist man noch einmal zwanzig Minuten bis zum Ende des Weges unterwegs. Wanderer mit botanischem Interesse werden feststellen, dass sich nach der Schafsweide die Vegetation ändert – hier, wo keine Schafe das Gras flach halten, wachsen ganz andere Pflanzen. Überall auf dem Alt- und Neubessin findet man aber Sanddorn, Weißdorn und Holunderbüsche.

Höhe- und Endpunkt des Weges ist ein Vogelbeobachtungsturm, von dem aus man einen Paradeblick auf die Vogelkolonie am Südende des benachbarten Neubessin werfen kann (Feldstecher mitbringen!). Wer Glück hat, kann vielleicht einen Seeadler entdecken. Schwäne sieht man auf jeden Fall. Besonders beeindruckend ist es, wenn die schweren Vögel heftig wassertretend zu einem Rundflug starten.

Wer sich mehr für eine handfeste Brotzeit als für Vögel interessiert, packt am Picknicktisch vor dem Turm seinen mitgebrachten Proviant aus.

Kartenregister

Umgebungspläne

Ortspläne

Tourenkarten

Kartensymbole

- Touristeninformation
- Highlight
- Sehenswürdigkeit
- Strand
- Aussichtspunkt
- Haltestelle
- Leuchtturm
- Hafen

Die Ziffern bei den Übernachtungs- und Gastro-Tipps im Textteil von Neuendorf, Vitte, Kloster und Stralsund markieren die Lage von Hotels/Pensionen/Ferienwohnungen 1 und Restaurants/Cafés 1 in den Ortsplänen der jeweiligen Orte.

Die Autoren

Die Reisejournalisten Susanne Kilimann und Rasso Knoller leben und arbeiten in Berlin, gehören dem Netzwerk *Die Reisejournalisten* (www.diereisejournalisten.de) an. Sie berichten in Büchern und anderen Medien aus allen Ecken der Welt, auch und besonders gern über die Ostseeregion. Im via reise Verlag ist von Rasso Koller der Reiseführer *Usedom*, von den beiden Autoren zusammen der Stadtführer *Berlin – Wer wohnte wo?* erschienen.

Liebe Leserinnen und Leser,

alle Angaben in diesem Reiseführer sind gewissenhaft geprüft. Trotz gründlicher Recherche unserer Autoren/-innen können sich manchmal Fehler einschleichen. Wir bitten um Verständnis, dass der Verlag dafür keine Haftung übernehmen kann.

Über Hinweise, Berichtigungen und Ergänzungsvorschläge freuen wir uns jederzeit:

via reise verlag
Lehderstraße 16–19
13086 Berlin
E-mail: post@viareise.de
www.viareise.de

1. Auflage 2016

ISBN 978-3-945983-09-6

Text & Recherche
Rasso Knoller und Susanne Kilimann

Redaktion
Klaus Scheddel, Janina Johannsen

Layout & Gestaltung
Annelie Krupicka

Kartografie
Annelie Krupicka, Janina Johannsen

Druck
Ruksaldruck, Berlin

FSC www.fsc.org MIX Papier aus verantwortungsvollen Quellen FSC® C104247

Fotos
Rasso Knoller, außer:
Deutsche Fotothek 24, 25; Fotolia 4, 12–13, 15, 16, 28, 37, 38, 40, 51, 57, 85, 88, 91, 94, 96, 99, 112; Gemeinfrei 22, 59, 76; Hans-Fallada-Archiv 49; Hotel Heiderose 65; Joachim HGW 100; Molgreen 27; Pixabay 97; Scheddel, Klaus 5, 18–19, 39, 44, 46, 52, 54, 73, 75, 77, 84, 92, 93, 102; Siegert 26; Zwölfhundertvierunddreißig 17

Umschlag vorn
Leuchtturm auf dem Dornbusch (Fotolia)

Umschlagklappe vorn
Am Strand von Hiddensee (Fotolia)

Umschlag hinten
Im Hafen von Vitte (Klaus Scheddel)